JN023800

得意を活かす英単語帳シリーズ Ⅶ

for ゴルフファン・ゴルフ部員

ゴルフから学べる らくらく英単語読本

TOEIC対応！480語収録

小林一夫

Kazuo Kobayashi

Parade Books

読者の方々へ

「意外で面白いキャッチコピー」をまず読もう

　一般的に言って、英単語の本を最後まで読み通すことは難しいといってよいでしょう。一つの英単語をマスターする、1ページ読むだけでもかなりのエネルギーが必要となります。

　このため本書では、最初に日本語のキャッチコピー（四角で囲った部分）を置き、ゴルフで日常的に使われているカタカナ語の一般的な英語の意味をはじめとして、その変化形、類語などをエピソード的に紹介しています。まず、ここから読んでください。これならかなり簡単ですが、それでも相当に大きなご利益があります。多くの単語の意味をイメージ的にも掴むことができ、ゴルフ用語に対する理解、関連する常識・ウンチクも大いに深まるでしょう。

　その上で、興味や理解に応じて、英単語やその用例が記載されている部分に進んでいただければよいです。

　さらに、付け加えれば、英単語には使用頻度が明示されていますので、初学者は ※ 印の基本単語に、大学・TOEIC受験者などは☆印の重要単語に重点的に取り組んでいただきたいと思います。

　いうまでもなく、英単語の意味は大方多様ですが、ここでは、最初に記載されたものをしっかりと理解していただければと思います。

　また、動詞などは多くは自動詞・他動詞がありますが、ここでは多く使われるものを基本としています。

　著者としては、読者が、ゴルフで使われているカタカナ語が、意外にも多くの重要単語とつながっていることに驚き、最終ページまで行き着くことを何よりも念願する次第です。

　余談ともなりますが、本書に収録されている英単語は、500語近くあります。これを電話番号のように機械的に記憶するには、超人的な努力を要することは言を待ちません。

著者　小林一夫

注）単語の重要頻度　　※…基本単語　　☆…重要単語　　★…次位重要単語

目次

1 スイング・ショット関連

a スイング関連

001 ショット ── クラブで球を打つこと

ショットは「発射・弾丸」、シュートは「打つ・放つ」だ。サッカーの
シュートは大変分かりやすい。野球でピッチャーの投げるシュート、
さらにはショットガン（散弾銃）、スナップショット（スナップ写真）
なども分かりやすい用例だろう。

☆ shot［シャット］

名 発射・銃声、弾丸、撮影、（球技）投げ・打ち・けり

I heard a shot.　私は銃声を聞いた。

fire a shot　弾を撃つ

a long shot　遠写し・ロングショット、途方もない見込み

※ shoot［シュート］

**他動・自動 (shot,shot) 撃つ、放つ・出す、（映画を）撮影する、ゴー
ルにシュートする**

shoot a lion　ライオンを撃つ

He shot questions at her.　彼は彼女に質問をあびせた。

shoot a scene for a war film

　戦争映画のために一場面を撮影する

名 発射、若芽

make a shoot　発射（発砲）する

a bamboo shoot　たけのこ

002 スイング ── クラブを振る動作

スイングは「振る・揺らす、振ること・揺れること」だ。球技で多く

用いられているが、ジャズのスイングが分かりやすい。聞けば自然に体が「揺れる」のだ。ブランコの意味があることにも注意しよう。めったにお目にかからないが、西部劇などによく登場するスイングドアもある。

☆ swing [スウィング]

　　名 振ること・揺れること、ぶらんこ、調子・(ジャズの)スイング

　　　the swing of the pendulum　振り子の振動

　　　Children like to sit on a swing.
　　　　子供達はぶらんこに乗るのが好きだ。

　　　the swing of music　音楽の調子

　　他動・自動 振る・揺れる

　　　swing a bat　バットを振る

　　　swing to and fro　前後に揺れる

　── swinging [スウィンギング]

　　　形 揺れる、軽快な

003 フラット(スイング) ── テークバックを身体のうしろ側に低く取ってやや横に振る感じのスイング。これに対し、アップライト(直立した)スイングはテークバックを高くとって縦に振るスイング

フラットは「平らな」だ。楽譜のフラットは「半音下げる」の意であるが、要するに音を平らにするのだ。フラッターとなれば「お世辞を言う・嬉しがらせる」となる。人の心を平らかにするのだ。フラットリーは「お世辞」である。10秒フラットなどと時間を示す場合は「ピッタリ、丁度」の意である。余談ともなるが、近年「フラットな社会」が盛んに提唱されていると聞く。

※ flat [フラァット]

　　　形 平らな・平べったい、単調な、(音楽)変音の・半音下げる

as flat as a pancake　大変平べったい

a flat lecture　面白くない講義

B flat　変ロ音（B flat major　変ロ長調）

副 きっぱりと・率直に、ちょうど

I tell you flat.　率直に申します。

He ran the race in 12 seconds flat.

　彼はそのレースをちょうど12秒（12秒フラット）で走った。

名 平面、（音楽）変音（半音低い音）・変記号

the flat of the hand　手のひら

B flat　変ロ音

── ★flatten［フラァトン］

　　他動・自動 平らにする

　　　a corn field flattened by the storm

　　　　あらしで一面平らになったトウモロコシ畑

── ★flatter［フラァタ］「滑らかに（平らに）するの意」

　　他動・自動 お世辞を言う・うれしがらせる

　　　She was flattered to ruin.　彼女はおだてられて破滅した。

── ★flattery［フラァタリ］

　　名 お世辞・甘言

004 フル（スイング）── 目いっぱいのスイング。フルショットともいう

フルは「いっぱいの・完全な・満腹の」だ。フルスピード、フルネームあたりが分かりやすい用例だが、トランプのフルハウス、「フルムーンパス」のフルムーン（満月）なども結構感じのよく分かる言葉だ。これが、フィルとなると「満たす」で、フルフィルは「（約束・責任などを）果たす・（条件などを）満たす」である。

※full［フル］

　形 いっぱいの、完全な、満腹の

at full speed　全速力で・フルスピードで

a full moon　満月

I'm full.　私は満腹です。

名 十分・完全

sign one's name in full　略さずに署名する

── ☆ fully [フリ]

副 十分に・完全に

── ※ fill [フィル]

他動・自動 満たす・いっぱいにする

fill a glass with water　コップに水を満たす

── ☆ fulfill ㊎ fulfil ㊀ [フルフィル]「full：fill]

他動・自動 （約束などを）果たす、（条件などを）満たす

fulfill one's promise　約束を果たす

fulfill requirement　必要条件を満たす

005 コンパクト（スイング）── むだのない小さなスイング

コンパクトは「密な・簡潔な・こじんまりした」の意だ。デジタル情
報を収めるコンパクトディスク（CD）、女性の使うコンパクトはピッ
タリではないか。最近では人口の減少に伴い「コンパクトシティ」
構想が注目されている。そういえば、日本が得意とするコンパクト
カーもある。

☆ compact [コンパァクト]

形 密な・ぎっしりつまった、簡潔な、こじんまりして経済的な

compact knitting　目のつんだ編み物

a compact report　簡潔な報告

a compact car　経済的な中（小）型車・コンパクトカー

名 コンパクト（携帯用おしろい入れ）、中（小）型自動車

── compact disk [コンパァクト ディスク]

名 コンパクトディスク（CD）

006 フォーム ── スイングの型

> フォームは「形・形式、形作る」である。フォーマル、フォーメーション、フォーミュラ（公式・処方）などと変化するが、リフォームとなれば「改正する・訂正する」、インフォームは「知らせる」、パフォームは「実行する」、トランスフォームは「変える」だ。インフォメーション、パフォーマンスあたりは日常的にも耳にする言葉であるが、最近ではデジタルトランスフォーメイション（DX）が断然幅を利かせている。おまけとして、ユニフォーム（制服）も付けておこう。

※ form［フォーム］

名 形・形式、形態、作法

as a matter of form　形式上、儀礼上

forms of government　政治形態

It is not good form to speak with your mouth full.

　□に食物をほおばったままでしゃべるのは無作法です。

他動・自動 形づくる・形成する、組織する

form good habits　良い習慣を付ける

form a cabinet　内閣を組織する

語源 form（形、形づくる）

類語

☆ inform［インフォーム］「in（心の中に）：form（形づくる）＝知らせる」

他動・自動 知らせる・告げる

He informed me of the happy news.

　彼がその吉報を私に知らせた。

──☆ information［インフォメイション］

名 情報・通知、知識

9

for your information　ご参考までに

information on legal matters　法律に関する知識

☆ perform [パフォーム]「per(完全に) : form(形づくる)＝完成する、遂行する」

【他動・自動】 実行する・果たす・演じる

perform one's promise　約束を実行する(果たす)

perform one's part　自分の役を演じる

── ☆ performance [パフォーマンス]

【名】 実行、演奏・演技・パフォーマンス

the performance of duties　任務の遂行

a musical performance　音楽の演奏

☆ reform [リフォーム]「re(再び) : form(形づくる)＝再形成する」

【他動・自動】 改正する・直す

reform a system of society　社会制度を改革する

【名】 改正・改革

political reforms　政治的改革

☆ transform [トゥラアンスフォーム]「trans(移して) : form(形づくる)＝変形する」

【他動】 変える・変化させる

Heat transforms water into steam.　熱は水を水蒸気に変える。

── ★ transformation [トゥラアンスフォーメイション]

【名】 変化

☆ conform [コンフォーム]「con(共に) : form(形づくる)＝同じように形づくる →一致させる」

【他動・自動】 一致させる・適合させる

conform one's plan to theirs

自分の計画を彼等の計画に合わせる

★ deform [デフォーム]「de－not : form(形)＝形を崩す→醜くする」

【他動】 醜(みにく)くする・変形させる

a face deformed by hatred　憎しみでゆがんだ顔

☆ uniform [ユーニフォーム]「uni－one : form(形)＝同じ形の」

形 同一の・不変の

at a uniform rate　一定の率で

名 制服、ユニフォーム

a school uniform　学校の制服

── ☆ formal [フォーマル]

形 形式ばった、正式の

a formal visit　儀礼的な訪問

formal wear　礼服・フォーマルウェア

── ☆ informal [インフォーマル]

形 非公式の・形式ばらない

The meeting was informal.

その会合は非公式であった。

── ☆ formation [フォーメイション]

名 形成・形態、陣形・隊形

the formation of a Cabinet　組閣

battle formation　戦闘隊形

── ☆ formula [フォーミュラ]

名 公式、きまり文句、処方

a chemical formula　化学式

a legal formula　法律上の慣用語句

a formula for a cough　咳(せき)の処方

007 アドレス ── 球を打つ構えに入ること

アドレスは一般的に「宛名・住所」であるが、「宛名を書く・本気で取り掛かる」の意味もある。メールアドレス、アドレス帳を知らない人は少ないだろう。

※ address [アドレス]

名 宛名・住所、演説・あいさつ・打球の構え

What is your address?　ご住所はどちらですか。

an address of thanks　感謝の言葉

他動 （手紙などに）**宛名を書く**・（手紙などを）**人に宛て出す**、（言葉を人に向けて）
言う・演説する、本気に取りかかる、（ボールに対して）**打つ構えをする**

He addressed the letter to his uncle.

彼は手紙をおじに宛て出した。

He will now address the meeting.

彼はこれから集会で演説をします。

It's time we addressed ourselves to the business in
hand.

手掛けている仕事に本気で取りかかる時だ。

008 グリップ ── クラブの握り方・クラブの握りの部分

グリップは「つかむ、つかむこと・理解・把握」だ。グラブとなれば
「グイとつかむ」で、近年流行のスノーボードの重要な技の一つで
ある。さらに、グラスプとなれば「理解する」である。こちらは内容
を掴むのだ。

☆ grip ［グリップ］

名 **つかむこと・把握、理解力、**（道具などの）**取っ手・柄**

take a grip on　～をつかむ

have a good grip of　～をよく理解している

a grip of a racket　ラケットの柄

他動・自動 **しっかりつかむ、**（人の心を）**つかむ、理解する**

The child gripped his father's hand.

子供は父親の手をしっかりつかんだ。

grip one's audience　聴衆を引き付ける

I can not grip your meaning.　私は君の言う意味がつかめない。

語源 grap(gra) − to hold（つかむ）より

類語

☆ grab［グラァブ］

　他動・自動 ぐいとつかむ・ひったくる

　　grab a person by the arm　腕をとって人をひっつかむ

☆ grasp［グラァスプ］

　他動・自動 つかむ・握る、理解する

　　grasp an opportunity　機会をつかむ

　　grasp the meaning of what is said

　　　言われた言葉の意味をつかむ

　名 握り・つかみ・支配、理解

　　He has a firm grasp of the matter.

　　　彼はその件を十分理解している。

---

009 オーバーラッピング（グリップ）── 左手の中指と人差し指の間に右手の小指を
　　　　　　　　　　　　　　　　　　　　鈎（かぎ）状にひっかけて握る方法

オーバーラッピングは「重なる、重複」、ラップは「重ねる・包む、膝・一周」である。映画の画面ではオーバーラップはよく使われるが、ことにヤングに人気のラッピング（包装）も分かりやすい用例だろう。距離競技ではラップタイムがことに重視されている。

☆ overlap［オウヴァラァップ］

　自動・他動 重なる・重複する

　　Our vacations overlapped.　私達の休暇はかち合った。

　名 重複・オーバーラップ（一画面が次の画面へ重なって写ること）

└─ ☆ lap［ラァップ］

　　他動・自動 重ねる、包む

lap a board over another　1枚の板を他の板の上に重ねる

lap oneself in a blanket　毛布に身を包む

名 ひざ、(競走トラックの)1周

The child slept on its mother's lap.

　子供が母のひざで眠った。

lap time　競走トラックの一周に要する時間(途中計時)

010 インターロッキング(グリップ) ── 右手の小指を左手の人差し指の下から組み
　　　　　　　　　　　　　　　　　　合わせて握るグリップ

インターロックは「組み合う」、ロックは「錠・鍵をおろす」だ。駅
のロッカーやロッカールームが分かりやすい用例だろう。やや専門
的な話であるが、インターロックは安全装置の考え方の一つで、あ
る一定の条件が整わないと他の動作ができなくなるような機構の
意味でも使われている。

★ interlock [インタラック]

　自動・他動 組み合う・抱き合う

　five interlocking circles, the emblem of the Olympic
　Games

　　オリンピック競技会のシンボルである5つの組み合わされた輪

☆ lock [ラック]

　　名 錠・錠前

　　The lock is broken.　その錠はこわれている。

　　他動・自動 錠をおろす、閉じ込める

　　I locked the door.　私はドアにかぎをかけた。

　　lock him in a room　彼を部屋に閉じこめる

　★ locker [ラカ]

　　　名 ロッカー、錠をおろす人(物)

14

ナチュラルは「自然の・生まれつきの」だ。ネイチャー（自然）、ネイティブ（故郷の、生まれつきの）、ネーション（国家）、ナショナリティ（国籍）など、つながる言葉が多い。

※ natural［ナァチュラル］
　　形　自然の、生まれつきの
　　　　the natural world　自然界
　　　　a natural poet　生まれながらの詩人
　　──※ nature［ネイチャ］
　　　　　名　自然、天性・（人の）性質、（物の）本質
　　　　　　　the laws of nature　自然の法則
　　　　　　　human nature　人間性
　　　　　　　the nature of things　物（事）の本質

語源　nat－be born（生まれる）：ure－名詞語尾
類語
☆ native［ネイティヴ］「nat（生まれる）：ive（形容詞語尾）」
　　形　故郷の、土着の、生まれつきの
　　　　one's native place　故郷
　　　　customs native to Japan　日本古来の習慣
　　　　one's native ability　生来の才能
　　名　〜生まれの人・原住民
　　　　a native of Sweden　スウェーデン生まれの人
※ nation［ネイション］「nat（生まれる）：ion（名詞語尾）」
　　名　国民、国家
　　　　the Japanese nation　日本国民
　　　　Western nations　西洋諸国

――― ※ national [ナァショナル]

 形 国民の・国家の、国立の

  a national holiday 国民の祝日

  a national park 国立公園

――― ☆ nationality [ナァショナァリティ]

 名 国籍

  the nationality of a ship 船籍

★ innate [イネイト]「in－in：nat(生まれる)」

 形 生まれつきの・天賦の

  innate talent 生得の才能

――― ☆ naturally [ナァチュラリ]

 副 自然に、生まれつき、当然

  Plants grow naturally. 植物は自然に育つ。

  Her hair is naturally red.

   彼女の髪は生来赤毛です。

  Naturally, I'll help you. もちろんお手伝いします。

012 スタンス ― 足の立ち方・構え

スタンスは「姿勢・立場・足の位置」である。ディスタンス (距離)、インスタンス (例・実例)、サーカムスタンス (環境)、サブスタンス (物質)、さらにスタンド (立つ、売店・台)、スタンダート (標準)、アンダースタンド (理解する) など重要な言葉につながっている。まあ、インスタント・コーヒーは昔からのなじみであるが、最近ではソーシャル・ディスタンス (社会的距離) も厳しく注目されている。

☆ stance [スタンス]

 名 (野球・ゴルフなどの打者の)足の位置、姿勢・立場

  the batting stance 打球の構え

語源 stand（立つ）より

類語

☆ circumstance [サ〜カムスタァンス]「circum − circle（周り）：stance（立つこと）＝周りに立つこと→囲む（こと）→環境」

名 環境・境遇

He is in bad circumstances.　彼は貧しい生活をしている。

※ distance [ディスタンス]「dis − apart（離れて）：(s)tance（立つこと）＝離れて立つこと」

名 距離、遠方

the distance of Mars from the earth
　地球から火星までの距離

from a distance　遠方より

── ☆ distant [ディスタント]

形 遠い、離れた、よそよそしい

a distant place　遠い所

The town is ten miles distant from Tokyo.
　その町は東京から10マイル離れている。

a distant air　よそよそしいそぶり

☆ instance [インスタンス]「in − near（近くに）：stance（立つもの）＝実例」

名 例・実例

for instance　例えば

── ☆ instant [インスタント]

形 すぐの・即座の

instant coffee　インスタントコーヒー

名 瞬時・即時

in an instant　直ちに

── ☆ instantly [インスタントリ]

副 直ちに

Come here instantly.　すぐここに来なさい。

接 〜するとすぐ

Instantly I arrived in Paris, I went to the Louvre.

　私はパリに着くとすぐにルーブル美術館に行った。

☆ substance [サブスタンス]「sub−under(下に)：stance(立つもの)=すべての根底となるもの」

　名 物質、本質・実質、要旨

　　chemical substances　化学的物質

　　Substance is more important than form.

　　　実質は形式より重要である。

　　the substance of his speech　彼の演説の要旨

└─☆ substantially [サブスタァンシャリ]

　　　副 実質上、大体において

☆ constant [カンスタント]「con−fully(十分に)：stant(立っている)=しっかりと立っている」

　　形 不変の、不断の

　　　at a constant pace　一定の歩調で

　　　constant efforts　不断の努力

└─※ stand [スタァンド]

　　　名 〜台・〜立て、売店・屋台、(通例 〜s)観覧席・スタンド

　　　自動・他動 (stood, stood)立つ・立っている、立たせる、耐える

　　　Horses stand on all fours.　馬は四つ足で立つ。

　　　He stood his umbrella against the wall.

　　　　彼は雨傘を壁に立てかけた。

　　　I cannot stand this hot weather.

　　　　私はこの暑さに耐えられない。

　　└─☆ standard [スタァンダド] [standする場所・点]

　　　　名 標準、(度量衡の)基本単位・(貨幣制度の)本位、(音楽)スタンダードナンバー

　　　　the standard of living　生活水準

013 クローズド（スタンス） ── 飛球方向に対し、後の足をわずかに後に引いた構え。
平行に構えるのはスクエア（正方形）スタンス

クローズは「閉じる」だ。反対のディスクローズは「発表する」、エンクローズは「締め出す」である。近年問題となるディスクロージャー（情報の開示）、史上名高いエンクロージャームーブメント（囲い込み運動）をご案内の向きもあろう。おまけとして、クロゼット（戸棚・押し入れ）、ウォーター・クロゼット（洗面所・WC）を付けておこう。

※close［クロウズ］

（他動・自動）閉じる、終わる

Closed today.　本日閉店（掲示の文句）

The speech is closed.　話は終わった。

（名）終わり

at the close of the game　ゲームの終わりに

語源 close・clude（閉じる、閉鎖する）より

類語

☆enclose［エンクロウズ］「en－in（中に）：close（閉じる）」

（他動）囲む、同封する

enclose a farm　農場に囲をする

A check for $10 is enclosed.　10ドルの小切手を同封します。

── ★enclosure［エンクロウジャ］

（名）囲うこと、囲い地

the Enclosure Movement

囲い込み運動・エンクロージャームーブメント

☆disclose［ディスクロウズ］「dis－not：close（閉じる）」

（他動）（秘密などを）あばく、発表する

disclose a secret 秘密をあばく

disclose one's plan 計画を明らかにする

└─ ☆ **disclosure** [ディスクロウジャー]

　　　(名) 発覚、発表

☆ **include** [インクルード]「in－in：clude（閉じる）＝中に閉じこめる」

　　(他動) 含む

Does this price include the tax?

この値段には税金が含まれていますか。

├─ ★ **including** [インクルーディング]

　　　(前) ～を含めて

Six were invited including the girl.

その少女を入れて6人が招かれた。

└─ ★ **inclusive** [インクルースィヴ]

　　　(形) 中に含めた

inclusive of ～を含めて

☆ **exclude** [エクスクルード] [ex－out：clude（閉じる）＝締め出す」

　　(他動) 締め出す・除外する

exclude light from a room 部屋に光を入れない

└─ ☆ **exclusive** [エクスクルースィヴ]

　　　(形) 排他的な・独占的な、高級な・一流の

exclusive rights 専有権

an exclusive hotel 高級ホテル

　　└─ ☆ **exclusively** [エクスクルースィヴリイ]

　　　　(副) もっぱら・排他的に

He drinks tea exclusively.

彼はもっぱら紅茶ばかり飲む。

☆ **conclude** [コンクルード]「con－together：clude（閉じる）＝共に閉じる」

　　(他動・自動) 終える、結論（決定）する

He concluded his speech. 彼は演説を終えた。

He concluded that he would go. 彼は行こうと決定した。

└─☆conclusion [コンクルージョン]

名 結末、結論

the conclusion of the lecture 講演の結び

come to a conclusion that ～という結論に達する

※close [クロウス] (発音注意)

形 近い、親しい、綿密な、互角の・接近した

a flower close to a rose バラによく似た花

a close friend 親友

close attention 細心の注意

a close game 接戦・クロスゲーム

└─☆closely [クロウスリ]

副 ぴったりと、綿密に

My shoes fit closely. 私の靴はぴったり合う。

look closely よく注意して見る

└─★closet [クラゼット] 「閉じられた場所の意より」

名 戸棚、押入れ

a water closet トイレ(W.C.)

014 ワッグル ── アドレスの時、クラブヘッドを小さく動かすスイングの予備動作

ワッグルは「揺り動かす」だ。犬がしっぽをふるイメージが分かりやすい。ワッグとなれば「振る」である。余りにもあっけないので、le が反復を表す動詞語尾であることをことに強調しておこう。

waggle [ワァグル]

他動・自動 揺り動かす

└─★wag [ワァッグ]

他動・自動 揺り動かす・振る

The dog wagged its tail. 犬が尾を振った。

名 揺り動かし

015 テーク（バック） ── バックスイングの時にクラブを後へ引く動作

> テークは「取る・連れて行く・乗る」など多彩な意味を持っている
> が、今大流行のテークアウト（持ち帰り）が分かりやすい用例だろ
> う。やや専門的となるが、テイクオフとなれば「離陸」、テイクオー
> バーとなれば「（経営権などの）取得・奪取」である。

※take [テイク]

他動・自動 （took，taken）**取る・つかむ、入手する・もらう、（人を）つれて行く・（物を）持って行く、乗る、（飲食物を）とる、（時間・労力などが）かかる、～と思う、（病気などに）かかる、（ある行動を）する**

He took a pen in his hand.　彼はペンを手に取った。

take the first prize　一等賞をもらう

He took me to the zoo.　彼は私を動物園につれて行った。

take a bus　バスに乗る

take a cup of tea　お茶を一杯飲む

It takes five minutes to walk to the park.
　公園まで歩いて5分かかる。

I took her to be an actress.　私は彼女を女優だと思った。

He was taken ill.　彼は病気になった。

take a rest　休息する

名 **売上・取得・獲得**

a large take of fish　大漁

── takeoff [テイクオーフ]

名 （飛行機などの）**離陸・出発・テークオフ**

a smooth takeoff　円滑な離陸

── takeout [テイクアウト]

名 **持ち（取り）出し・テークアウト**

22

　　　　　　　形 持ち帰り用の
└─☆takeover［テイクオウヴァ］
　　　　名 (経営権などの)奪取・取得・テークオーバー
　　　　a takeover bid　接収(合併)提案

016 コック ── バックスイングで手首を折り曲げること

> コックは「雄鶏・栓・コック・撃鉄、撃鉄を起こす」だ。「ガスのコック
> を閉める」などと使われるが、意外にもカクテル、コックピット (飛
> 行機の操縦席)、ピーコック (雄の孔雀) などにもつながっている。
> ピーコック魔法瓶の栓 (コック) がしっかりしているのは当然だろう。

☆cock［カック］
　　　名 おんどり・(一般に)雄の鳥、栓・コック、(銃の)撃鉄
　　　a cock robin　雄コマドリ
　　　turn on a cock　栓をあける
　　　at full cock　(銃の)撃鉄を充分起こして、準備を充分整えて
　　(他動・自動) (鼻・目・頭・耳などを)上に向ける・ぴんと立てる、撃鉄を起こす
　　　cock one's nose　(軽蔑して)鼻をつんと上に向ける
　　　cock a gun　銃の撃鉄を起こす
─☆cocktail［カックテール］
　　　　名 カクテル
─★peacock［ピーカック］
　　　　名 孔雀
　　　　(as) proud as a peacock　非常に高慢な

017 (ダウン)ブロー ── スイングの弧の最低の位置よりやや前に球を置いて球を打
　　　　　　　　　　　ち抜いていくこと

> ブローは「強打」である。ボクシングのボディブローが一番分かり

やすい用例だろう。「ボディブローのように効いてくる」といった表現もある。言うまでもなく、ボクシングのローブロー（ベルトラインの下を攻撃すること）は反則である。さらに言えば、ブローは動詞として「吹く」の意味があることに注意しよう。美容院などで行う髪の毛のブローが分かりやすい用例だろう。

☆ blow [ブロウ]

　名 強打、精神的打撃・不幸

　　I gave him a blow on the head.　私は彼の頭をぶんなぐった。

　　It was a great blow to us.　それは我々にとって大打撃だった。

　他動・自動 吹く

　　The wind was blowing from the north.　北から風が吹いていた。

018 スウィープ ── クラブで掃くように球を打つこと

スイープは「掃く・掃除・一掃」だ。ゴール前で攻撃を防御するサッカーのスイーパー（掃除人・掃除機）が大変分かりやすい。米国の野球では、3～4連戦で全勝したりするとスイープというと聞く。相手を箒で外に掃き出してしまうのだ。

※ sweep [スウィープ]

　他動・自動 (swept, swept) 掃除する、一掃する・さっと通る

　　sweep the room　部屋を掃除する

　　The typhoon swept the islands.　その台風は列島を吹き抜けた。

　名 掃除・一掃、流れ

　　Let's have a thorough sweep.　大掃除をしよう。

　　the sweep of the wind　風の流れ

　── ★ sweeping [スウィーピング]

　　　形 一掃する、圧倒的な

　　　　a sweeping storm　すさまじいあらし

a sweeping victory　圧倒的な勝利

名 そうじ、一掃

★ sweeper [スウィーパ]

名 掃除をする人・掃除機、(サッカー)スイーパー

a street sweeper　道路清掃人

019 インパクト — クラブヘッドが球に当たる瞬間

インパクトは「衝撃・衝突」である。一般的にも「インパクトが強い」などと用いられている。やや専門的だから説明は省くが、金融の分野にはインパクトローンがある。インフレ、需要の増大への「衝撃」となるローンのことである。

☆ impact [インパァクト]

名 衝撃、衝突

The news made a great impact on us.
　そのニュースは我々に大きな衝撃を与えた。
the impact of a car against the wall　自動車の壁への衝突

020 フォロースルー — 球にクラブを当てた後の振り抜き

フォロースルーは「最後の仕上げ・完遂」である。フォローは「続く」で、「フォローの風(追い風)が吹く」などと日常的にも使われている。フォロワーとなれば「従者・支持者」であるが、近年ではネットのフォロワーが何かと注目されているようだ。スルーについていえば「すっかり、〜を通して」の意で、「スルー・ザ・グリーン」、「ドライブスルー」は分かりやすい用例だろう。最近では、「スルーする」(無視する・聞き流す)といった表現も時として耳にする。

★ follow‐through [ファロウスルー]

名 (スポーツ)フォロースルー(打球後完全に振り切ること)、(企画の)最後の仕
上げ・完遂
└─ ※ follow [ファロウ]

  他動・自動 ～に続く、ついて行く、従う

     Monday follows Sunday.　月曜日は日曜日の次だ。

     The dog followed me to my house.
       その犬は私の家までついてきた。

     He always follows the fashion.　彼はいつも流行に従う。
     └─ ※ following [ファロウイング]

        形 次の、(風が)追い風の

          in the following year　その翌年

          with a following wind　順風に乗って
     ☆ follower [ファロウア]

        名 従者・支持者

          Captain Blood and his followers
            ブラッド船長とその部下達

※ through [スルー]

  前 ～を通って、を通して、～をくまなく、～が終わって、～によって

     The train ran through the tunnel.　列車はトンネルを走り抜けた。

     see through the glasses　めがねを通して見る

     all through the world　世界中くまなく

     read through a book　本を読み終わる

     through observation　観察によって

  副 通して、終わりまで、全く、仕上げて

     You cannot pass through.　通り抜けできない。

     read a book through　本を読み通す

     I'm wet through to the skin.　私はびしょ濡れになった。

     I am through with my work at last.　私はやっと仕事を済ませた。

  形 通しの

26

　　　　　a through train　直通列車

└─☆ **throughout** [スルーアウト]

　　　副 **すっかり、始終**

　　　　　be ripe throughout　すっかり熟している

　　　　　sit still throughout　最後までじっと座っている

　　　前 **～を通して、至る所**

　　　　　throughout the year　年がら年中

　　　　　throughout Japan　日本中くまなく

021 フィニッシュ ── スイングの終わり（の姿勢）

フィニッシュは「終える、終了」、ファイナルは「最後の」だ。ファイナルゲーム（決勝戦）が分かりやすい用例だろう。「終わり」の意のfin を語源とする言葉で、コンファインとなれば「限定する」、ディファインは「定義する」、ファイナイトは「限りがある」だ。ここから授業でお馴染みのインフィニティブ（不定詞）、ニッサンの車名ともなっているインフィニティ（無限大）が出てくる。最後に、ドラマや音楽のフィナーレ（大詰め・終幕）を付け加えておこう。

※ **finish** [フィニッシュ]

　　名 **終了、完成、(陸上競技)ゴール・イン**

　　　　fight to the finish　最後まで戦う

　　　　This picture lacks in finish.　この絵はまだ仕上がっていない。

　　他動・自動 **終える、仕上げる**

　　　　finish school　学校を卒業する

　　　　finish a piece of work　1つの作品を仕上げる

語源 fin－end(終わり、限界)：ish(動詞語尾)

類語

※ **final** [ファイナル]「fin(終わり)：al(形容詞語尾)」

形 最後の、決定的な

the final round　最終回

the final decision　結論

名 決勝戦・最終（期末）試験

pass the finals　最終試験に合格する

※ finally [ファイナリ]

副 最後に・ついに

★ finale [フィナァリ]

名 （音楽）終楽章・フィナーレ、大詰め

☆ confine [コンファイン]「con－together：fine－end＝共に終わる」

他動 限定する、閉じこめる

Confine your efforts to finishing the work.

その仕事をやり遂げるだけに努力を集中しなさい。

He is confined to bed with a cold.　彼はかぜで寝込んでいる。

名 境界

within the confines of the city　市の境界内で

☆ define [ディファイン]「de－from：fine－end＝端のほうから（決める）」

他動・自動 限定する、定義する

The river defines the boarders of the two countries.

その川は二つの国の境界になっている。

Words are defined in a dictionary.

言葉は辞書に定義されている。

☆ definite [デフィニット]

形 限定された、明確な

a definite period　一定期間

a definite answer　明確な答

★ indefinite [インデフィニット]

形 不明確な、限界のない

an indefinite answer　あいまいな返事

the indefinite article　不定冠詞

└──☆ definition［デフィニッション］

名 定義

give a definition　定義を下す

★ finite［ファイナイト］「fin-end：ite（形容詞語尾）」

形 限りのある

Human understanding is finite.

人間の理解は限りがあるものである。

──☆ infinite［インフィニット］

形 無限の

an infinite number of stars　無数の星

── infinitive［インフィニティヴ］

名 不定詞

└──★ infinity［インフィニィティ］

名 無限大

---

022 クリーン ── 芝、砂などを取らずにボールだけを直接打つこと

クリーンは「きれいな、きれいに」だ。「クリーンな政治家」などと
使われているが、クリーニング、クリーナーが大変分かりやすい用
例だろう。近年では半導体の製造などに不可欠なクリーンルーム
が何かと注目されている。

※ clean［クリーン］

形 きれいな・清潔な、あざやかな

clean hands　清潔な手

a clean blow　あざやかな一撃

It is clean impossible.　それは全く不可能だ。

他動・自動 きれいにする・掃除する

clean one's teeth　歯をみがく

— ★ cleanly [クリーンリ]

　副 きれいに、すっかり

　　live cleanly　清らかに生きる

— ★ cleanly [クレンリ]

　形 きれい好きな

　　Are cats cleanly animals?　猫はきれい好きな動物ですか。

— ☆ cleaner [クリナー]

　名 クリーニング業者、電気掃除機、洗剤(クリーナ)

— ☆ cleaning [クリーニング]

　名 掃除・洗濯・クリーニング

023 スウェー ── スイング中に上半身(体の軸)が左右に移動すること

スエーは「動揺する・動かす、動揺」である。ボクシングで身体を
左右に揺らせて相手の攻撃を避けるスエー、社交ダンスで身体を
左右に傾けるスエーなどをご案内の向きもあろう。

☆ sway [スウェイ]

　他動・自動 動揺させる、動かす・左右する

　　A gentle wind sways the grass.　そよ風が草を揺らす。

　　His speech swayed many votes.　彼の演説は多くの票を左右した。

　名 動揺、支配

　　I felt the sway of the floor under my feet.

　　　足元で床が揺れるのを感じた。

　　the sway of the Tokugawas　徳川家の支配

024 ダフ(る) ── 球の手前の地面をたたいてしまうこと

「ダフる」は「ダッファー (能無し・馬鹿者)」に由来すると聞く。ゴ
ルフでダッファーといえば「初心者・下手くそ」である。

duffer [ダファ]

名 能無し・ばか者 俗

025 プッシュ（アウト） ── ボールを右へまっすぐに押し出すこと（右で打つ場合。以下同じ）

プッシュは「押す、押し」である。まあ、電話のプッシュホンが分かりやすい用例だろう。プッシングとなればボクシングの反則であるが、「押しの強い」の意味もある。余談ともなるが、相撲の突きは文字通り「プッシュ」である。

※ push [プッシュ]

他動・自動 押す、（仕事・計画などを）押し進める

push the doorbell　呼び鈴を押す

push trade with America　アメリカとの貿易を推進する

push out　押し出す、（芽などを）出す

名 押し・突き、気力・押し

I gave a gentle push at the door.　私はドアをそっと押した。

a salesman with a lot of push　やる気のあるセールスマン

── ★ pusher [プシャ]

名 押す人（物）、押しの強い人・出しゃばり

Isn't she a pusher!　彼女は出しゃばりですね。

── pushing [プシング]

形 押しの強い・積極的な

He's too pushing with strangers.

彼は見知らぬ人に対して積極的すぎる。

026 プル ── ボールをまっすぐに左の方にひっぱること

プルは「引っ張る・引く」だ。プルオーバー（頭からかぶって着る

31

セーター）、プルヒッター（野球の引っ張る打者）をご案内の向き
もあろう。

※ pull［プル］

他動・自動 引く・引っぱる、引き抜く・もぐ

pull a cart　荷車を引く

pull fruit out of the tree　木から果物をもぐ

名 引くこと・引く力、（船の）ーこぎ・（酒の）ー飲み・（たばこの）ー服

the pull of a magnet　磁石の引力

He had a pull at his pipe.　彼はパイプを吹かした。

pull－over［プルオーバー］

名 頭からかぶって着るセーター

027 シャット・フェース ── クラブがかぶさった（伏せられた）状態。またはこの状態
で球にあたること。反対はオープンフェース

シャットは「閉じる」である。シャッター（よろい戸）が大変分かりや
すい用例だろう。野球ではシャットアウト（完封）が使われている。
最近では商店などのシャットダウン（閉鎖）が話題となっている。
映画のニューフェイス、ポーカーフェイスなどでお馴染みのフェイ
スは言うまでもなく「顔・面」であるが、サーフェイスとなれば「表
面」だ。テニスコートやラケットの面で用いられている。やや専門
的であるが、ファセットとなれば宝石などの「面」である。フェイ
シャル・エステも最近流行と聞く。

※ shut［シャット］

他動・自動 （shut, shut）閉める・閉じる

shut one's mouth　口をつぐむ

★ shut out［シャットアウト］

動 締め出す・さえぎる、（相手チームを）完封する・シャットアウトする

The blind shuts out the sun-light.

ブラインドは日光をさえぎる

─── ★ shutdown [シャットダウン]

名 閉鎖、一時休業

─── ★ shutter [シャタ]

名 雨戸・よろい戸・シャッター

※ face [フェイス]

名 顔・顔つき、表面・外観、面子・威信

She has a round face. 彼女は丸顔だ。

the face of the moon 月の表面

lose (one's) face 面子を失う、顔がつぶれる

他動・自動 面する、(敵・困難などに)直面する(立ち向かう)

The house faces the sea. その家は海に面している。

face difficulties 困難に敢然と立ち向かう

語源 face (顔、表面)

類語

☆ surface [サ〜フェス]「sur−over(上の):face(顔)」

名 表面・面、うわべ

the surface of the water 水面

The problem seemed difficult on the surface.

その問題は見たところ難しそうだった。

他動・自動 表面を付ける、浮上する

surface a road with 道路を〜で舗装する

The fish surfaced. 魚が水面に浮かび上がった。

deface [ディフェイス]「de−down:face＝(外観を)汚す」

他動 外観を汚す

efface [イフェイス] [e−ex(out):face＝表面から除く→消す」

他動 消す・削除する

33

efface a word　一語を削除する

── ☆ **facial** [フェイシャル]

　　形 顔の・顔用の

　　　a facial expression　(顔の)表情

── ★ **facet** [ファスィット]

　　　名 (宝石・結晶などの)面・(物事・人柄などの)面

　　　many facets of a problem　問題のいろいろな面

028 フライヤー ── ラフからボールを打った際、芝が挟まり、バックスピンが掛からず、使ったクラブの通常の距離以上に飛んでしまうこと

フライヤーは「飛ぶもの・飛行士」、フライは「飛ぶ」だ。野球のフライが一番分かりやすい用例だろう。フライトとなれば「飛行」で、スキーのジャンプ競技でもよく使われている。フライト・レコーダーとなれば飛行機事故でおなじみだろう。事故ではないが、競走でフライングともなれば、反則である。

※ **fly** [フライ]

　　動 (flew, flown)飛ぶ、飛行機で飛ぶ、飛ぶように行く

　　　An arrow flew to the target.　一本の矢が的に向かって飛んだ。

　　　He flew to New York.　彼は飛行機でニューヨークに飛んだ。

　　　Time flies like an arrow.　光陰矢のごとし。《諺》

── ☆ **flight** [フライト]

　　　名 飛ぶこと・飛行機の旅・便、飛ぶ群れ、階段

　　　Flight Number 100 to Pris　パリ行き第100便

　　　a flight of swallows　燕の群れ

　　　They live two flights up.

　　　　彼らは階段を二つ上がったところに住んでいる。

029 シャンク ── 球がアイアンの頭部のシャフトがさし込んである部分（シャンク）に当たって大きく右へ飛び出すこと

シャンクは「すね・（すねに似た）柄」である。クラブのすねにボールが当たるようでは、痛い結果になるのは当然だろう。

★ shank［シャンク］

　　名 すね・足、（すねに似た）柄・軸

　　long shanks　長いすね（足）
　　the shank of a spoon　さじの柄

030 アプローチ ── グリーン回りからホールに球を寄せること

アプローチは「接近、近づく」だ。スキーのジャンプ競技の助走路、建物への進入路などにも使われるが、人やテーマなど一定の対象に近づく場合にも用いられる。とくに、異性などに近づく場合には慎重なアプローチが必要と聞く。

☆ approach［アプロウチ］

　　名 接近、近づく道、（スキー）ジャンプの助走・助走路

　　with the approach of summer　夏が近づくにつれて
　　all the approaches to the city　その町に通じるすべての道

　　他動・自動 近づく、とりかかる

　　approach a city　町に近づく
　　approach a problem　問題にとりかかる

語源 ap－to：proach－near（近く）
類語

☆ approximate［アプラクスィメイト］「ap－to：proxim－nearest：ate（形容詞・動詞語尾）」

（自動・他動）接近する・近い

The number approximates to one hundred.

その数はほぼ百に近い。

（形）近い・近似の

the approximate number　概数

└── ☆ **approximately** ［アプラクスィメイトリ］

（副）おおよそ

★ **reproach** ［リプロウチ］「re－back：proach－near＝近くに持ってくる→（非難などを）めがけてなげかける」

（他動）しかる・非難する

He reproached me with laziness.

彼は私をものぐさだといって非難した。

（名）非難

lead a life without reproach

非難されるところのない生活を送る

---

031 リカバリー（ショット）── 前打のミスを回復するためのショット

リカバリーは「回復」、リカバーは「回復する」だ。もとをたどれば表紙、布団などに使われるカバーに行き着く。要するに「再び覆う→回復する」の意味なのである。ディスカバー（発見）も「カバーを取り去る→発見する」で、全く同じ理屈である。

★ **recovery** ［リカヴァリ］

（名）取り戻し・回復

She made a slow recovery from the shock.

彼女はそのショックから徐々に回復した。

└── ☆ **recover** ［リカヴァ］

（他動・自動）取り戻す・回復する

She recovered her health.　彼女は健康を取り戻した。

語源 cover（覆い・覆う・かぶせる）

類語

※ discover [ディス**カ**ヴァ]「dis－away（取る）：cove（覆い）＝覆いを取り除く→発見する」

他動 発見する、気がつく

The Curies discovered radium.

キュリー夫妻がラジウムを発見した。

I discovered him to be a liar.　私は彼がうそつきだと分かった。

── ☆ discovery [ディス**カ**ヴァリ]

名 発見

He made an important discovery.

彼は重要な発見をした。

── ★ discoverer [ディス**カ**ヴァラ]

名 発見者

── ☆ coverage [**カ**ヴァリッチ]

名 （新聞・テレビの）**報道・適用範囲**

speedy news coverage　迅速なニュース報道

032 ピッチ（ショット）── ロフトのあるアイアンで球を高く打ち上げ、落下したのち
あまり転がらないようにする打ち方

ピッチは「投げる・整える、調子」だ。野球のピッチャーが大変分かりやすい。ワイルドピッチ（暴投）もある。一般的にも「ピッチ（調子）を上げる」などと使われているが、船のピッチ（縦揺れ）に難渋した人は少なくないだろう。

☆ pitch [ピッチ]

投げる、張る、(調子を)整える

He pitched the stone into my house.

　彼は私の家に石を投げ込んだ。

pitch camp by the river　河畔にキャンプを張る

I pitched the tune too high.　声の調子を高くしすぎた。

名 投げること、程度、(船、飛行機の)縦ゆれ、調子・ピッチ

wild pitch　(野球)暴投・ワイルドピッチ

to the highest pitch　最高限度まで

give a pitch　縦にゆれる

at a high pitch　高い調子で

☆ pitcher [ピチャ]

　　名 投手

pitching [ピチング]

　　名 (野球)投球(法)

033 チップ(ショット) ── グリーンの回りでボールを低く転がして行くアプローチ
　　　　　　　　　　　　ショット

チップは「薄く切る、切れ端・小片」だ。ポテトチップとゲームの点
棒、チップがあれば用例は十分だろう。余談ともなるが、「フィッ
シュ・アンド・チップス」は英国の代表的な大衆料理である。

★ chip [チップ]

　　名 (木や石の)切れはし・(ガラス・陶器などの)破片、(食べ物・菓子などの)小片・
　　薄切り・ポテトチップス、(ゲームで得点計算に使う)点棒・チップ

Gather chips of wood to start the fire.

　火をおこすために木片を集めなさい。

fish and chips　ポテトチップ付きの魚のフライ(英国の大衆料理)

他動・自動 薄く切る・そぐ

chip potatoes　じゃがいもを薄切りする

034 エキスプロージョン（ショット）── バンカーの内にある球を打ち出す場合、球の手
前の砂を激しくたたき、球を運び出すショット

エキスプロージョンは「爆発」、エキスプロードは「爆発させる」で
ある。これが、ミュージカルの傑作、「アプローズ」（拍手喝采）に
つながっているのはチョット気が付かないところだ。

☆ explosion［エクスプ**ロ**ウジョン］

　　名 爆発

　　　an atomic explosion　核爆発

　── ☆ explode［エクスプ**ロ**ウド］

　　　他動・自動 爆発させる

　　　　Too much pressure exploded the boiler.
　　　　圧力がかかりすぎてボイラーは爆発した。

　┌─────────────────────────────────┐
　│ 語源 ex−off : plode（拍手喝采する）=拍手喝采して舞台から追い出す→大きな音
　│ 　　を立てる→爆発する
　│ 類語
　│ ☆ applaud［アプ**ロ**ード］「ap−to : plaud−plode（拍手喝采する）」
　│ 　　他動・自動 拍手喝采する
　│ 　　　applaud a play　芝居に拍手喝采する
　│ ── ☆ applause［アプ**ロ**ーズ］
　│ 　　　名 拍手喝采
　│ 　　　　He received much applause.
　│ 　　　　彼は大きな拍手喝采を受けた。
　└─────────────────────────────────┘

　── ★ explosive［エクスプ**ロ**ウスィブ］

　　　形 爆発性の、激性的な

　　　　anexplosive substance　爆発物

　　　　an explosive temper　怒りやすい性質

035 ブラスト（ショット）── **034** エキスプロージョン（ショット）に同じ

> ブラストは「突風・爆破」、ブローは「吹く・吹き飛ばす」である。
> 美容院などで行われる髪の毛のブローが分かりやすい用例だろう。
> やや専門的な話となるが、ブロー成型はプラスチックの代表的な
> 成型方法である。要するに、材料に空気を吹き込むのである。

☆ blast［ブラァスト］

　　名 (強い風の)─吹き・突風、爆破

　　　a strong blast of wind　一陣の強風

　　　A lot of people were killed by(the)blast.

　　　　多くの人々が爆発で死んだ。

　　　at a blast　一吹きに、一気に

　　他動・自動 爆発(破)させる

　　　blast the rock　岩を爆破する

──※ blow［ブロウ］

　　　自動・他動 (blew, blown)(風が)**吹く**、(風に吹かれて)**吹き飛ぶ**、

　　　　(笛・オルガンなどが)**鳴る**

　　　It was blowing hard outside.

　　　　外は風が激しく吹いていた。

　　　My hat blew off.　帽子が吹き飛んだ。

　　　The whistle blew.　汽笛が鳴った。

b ショットの内容

036 キャリー ── 球を打った地点からその落下地点までの飛距離で、その転がり(ラ
　　　　　　　　　ン)を除く

> キャリーは「運ぶ、射程」、キャレッジは「客車・運搬」だ。スーパー
> でおなじみのカート（手押し車・荷馬車）につながっている。これ

がカーターとなると「荷馬車屋」で、第39代米大統領の名前ともなる。さらにキャリアとなれば「経歴」である。

※ carry [キャリ]

他動・自動 運ぶ・持ち歩く、伝える、支える

carry a camera　カメラを持って歩く

He carried me news.　彼は私にその知らせを伝えた。

These walls carry the weight of the roof.
これらの壁が屋根の重さを支えている。

名 (銃砲の)**射程**・(ゴルフの)**球の飛ぶ距離**

語源 car－a car(車)、to run(走る)より

類語

☆ cart [カート]

名 荷馬車、(スーパー、ゴルフなどの)**二輪の手押車・カート**

drive a cart　荷馬車を駆る

put the cart before the horse　前後を誤る、本末を転倒する

carter [カータ]

名 荷馬車屋(参考　第39代米国大統領「ジミー・カーター」)

☆ cargo [カーゴウ]

名 積荷、船荷

☆ career [カリア]

名 疾走、経歴、職業

in full career　全速力で

a career in law　法律家としての経歴

begin one's teaching career　教師生活に入る

☆ carriage [キャリッヂ]

名 馬車、客車 (英)、運搬

a carriage and pair　2頭立ての馬車

a sleeping carriage　寝台車

the carriage of goods　貨物輸送

└─ ★carrier [キャリア]

　　名 運搬する人(物)

---

037 スライス(ボール) ── 途中から大きく右に曲がる打球(右打ちの場合、以下同じ)

スライスは「薄切りにする、薄く切った一片」だ。スライスサーブ
などテニスでも使われているが、パンやチーズなどを薄切りにする
道具であるスライサーを使用されている向きもあろう。スリットと
なると「細長い切り口」で、チャイナドレスの大きな特徴である。

☆slice [スライス]

　　名 (薄く切った)一切れ、一部分・分け前

　　a slice of bread　パン一切れ

　　a slice of the work　仕事の一部

　　他動・自動 薄切りにする・切り分ける・(スポーツ)ボールが右に曲がる・スライス
　　する

　　Slice the cake in two.　そのケーキを二つに切りなさい。

── slicer [スライサ]

　　　名 薄く切る人(物)

└─ ★slit [スリット]

　　名 細長い切り口・スリット

　　他動・自動 切り裂く・細長く切る

　　slit cloth into strips　布を幾筋かに細長く裂く

---

038 フック(ボール) ── 途中から急激に左に曲がる打球

フックは「鍵・留め金、鍵で引っ掛ける、鍵の様に曲げる」だ。ボク
シングのパンチとしてよく使われる言葉だが、服装の場合はホック

となる。

☆hook [フック]

名 かぎ（掛けかぎ、ホック、留め金）、釣り針、（ボクシング）フック

Hang your coat on the hook. コートを洋服掛けに掛けなさい。
a hook and line 釣り針を付けた釣り糸

他動・自動 かぎで引っ掛ける、鍵のように曲げる

hook a fish 魚を釣る
hook one's finger 指を曲げる

039 フェード（ボール）── まっすぐに飛んで落ちぎわにわずかに右へ流れるボール

フェードは「（色などが）あせる・（勢いが）衰える」である。映画な
どのフェードアウト（イン）はどうでもよいとしても、車でブレーキ
を酷使すると効かなくなる「フェード現象」には注意が必要だ。

☆fade [フェイド]

自動・他動 （色、音、記憶などが）あせる、（勢いが）衰える・しぼむ

The color faded fast. 色がすぐにあせた。
The flowers have faded. 花がしぼんだ。

fade-out [フェードアウト]

名 フェードアウト（映画などの映像がしだいに暗くなること）、（音・映
像がしだいにぼんやりすること）

040 ドロー（ボール）── まっすぐ飛んで落ちぎわに左にきれるボール

ドローは「引く・（図・線・関心などを）引く、引き分ける」だ。競技
などのドロー（引き分け）、野球のドロンゲーム（引き分け試合）は
お馴染みだろう。ドラフトとなると、線・図を引くから「設計図・草
稿」、排気を引くから「通風孔」、人を引くから「選抜」となる。プ

□野球のドラフト会議は大方がご案内だろう。ドラッグとなれば、野球のドラックバントの出番だ。バットを引くのである。おまけに、樽から引き抜くドラフトビールを付けておこう。

※ draw［ドゥロー］

他動・自動 （drew,drawn）**引く、引き抜く、**（図や線を）**引く、**（関心を）**引く、**（勝負を）**引き分ける**

Horses draw carts.　馬が馬車を引く

draw a gun　ピストルを引き抜く

draw a line　直線を引く

draw attention　注意を引く

The game was drawn.　ゲームは引き分けになった。

名 **引くこと、**（人を）**引き付けるもの、**（試合の）**引き分け**

be quick on the draw　（ピストルなどの）抜く手が早い

The show is a great draw.　そのショーは大変人気がある。

end in a draw　引き分けに終わる

──☆ drawn［ドゥローン］

形 **引き分けの、引き抜かれた**

a drawn game　引き分け試合・ドロンゲーム

a drawn sword　抜き身の刀

──☆ drawer［ドゥロア］

名 **引き出し、**（～s）**ズボン下・ズロース**

a table drawer　テーブルの引き出し

a pair of drawers　ズボン下1枚

──☆ drawing［ドゥローイング］

名 **線を引くこと、絵・図**

drawing paper　画用紙

──☆ drag［ドゥラァッグ］

他動・自動 **引く・引きずる**

drag one's feet　足を引きずって歩く、故意にぐずぐずする

名 引きずること

walk with a drag　足を引きずって歩く

└─ ☆**withdraw** [ウィズドゥロー]「with−back」

他動・自動 引っ込める、退かせる

He withdrew his hand from mine.

彼は私の手から自分の手を引っ込めた。

withdraw one's son from school　息子を退学させる

041 インテンショナル（スライス）── 意図的に打球をスライスさせること、意図的
にスライスさせた打球

インテンショナルは「意図的な」、インテンションは「意図」、インテンドは「〜するつもりである」だ。「張る・広げる」の意の tend を語源とする言葉で、アテンドは「世話をする」、プリテンドは「〜の振りをする」、エキステンドは「伸ばす」、コンテンドは「争う」である。さらに、テンションとなれば「緊張」、アテンションとなれば「注意・世話」、コンテンダーとなれば「挑戦者」である。「テンションが高い」などの声を耳にすることもあろう。おまけとして、人気が高いキャビンアテンダント（客席添乗員）、酒場のバーテン（バーテンダー）を付けておこう。

★**intentional** [インテンショナル]

形 意図的な

I was not intentional in hurting your feelings.

あなたの感情を傷付けるつもりはありませんでした。

──※**intention** [インテンション]

名 意図

He has no intention of doing it.

彼はそれをする意志はない。

──☆**intent** [インテント]

名 意図

What is the intent of his talk?　彼の話の意図は何か。

形 熱中して・熱心な

He is intent on the card game.

彼はカードゲームに熱中している。

☆ intend [インテンド]

他動 ~するつもりである、~させるつもりである

I intend to go to Kyoto.　京都に行くつもりです。

Her father intends her to be a pianist.

彼女の父親は彼女をピアニストにするつもりである。

語源 in－to：tend－stretch(張る、広げる)＝~の方へ心を広げる

類語

☆ attend [アテンド] 「at－to：tend(張る)＝~に向かって心を張る→心を配る

→世話をする、出席する」

他動・自動 出席する、世話をする・仕える

attend school　学校へかよう

attend a patient　病人の世話をする

☆ attendance [アテンダンス]

名 出席・出席者、付き添い

Attendance is very good today.

今日は出席状況がよい。

Two nurses are in attendance on him.

二人の看護婦が彼に付き添っている。

☆ attendant [アテンダント]

形 付き添いの・付随する

an attendant nurse　付き添い看護婦

※ attention [アテンション]

名 注意、世話・手当

pay attention to　~に注意を払う

You need medical attention

君は医者の手当が必要だ。

☆ contend [コンテンド] [con－together（共に）：tend（張る）＝共に張り合う→競う]

自動・他動 競う・争う

contend with a rival for a prize　競争者と賞を争う

── ☆ contender [コンテンダ]

名 競争者・挑戦者・（ボクシング）コンテンダー

☆ extend [エクステンド] 「ex－out（外へ）：tend（広げる）＝外へ伸ばす」

他動・自動 伸ばす、延長する、拡張する、広がる

extend one's arms　両腕を伸ばす

extend the road to the next town

道路を次の町まで延長する

extend a business　事業を拡張する

The forest extended to the seaside.

森林は海岸まで広がっていた。

── ☆ extension [エクステンション]

名 延長・拡大

the extension of knowledge　知識の拡大

── ☆ extensive [エクステンスィブ]

形 広い・大規模な

an extensive plan　大規模な計画

── ☆ extent [エクステント]

名 広がり、範囲

a vast extent of land　広大な土地

This is true to some extent.

ある程度までこれは真実だ。

☆ pretend [プリテンド] 「pre－before：tend（広げる）＝（人の）前に広げて見せる→見せかける」

他動・自動 ～のふりをする

47

He pretended to listen to her.

彼は彼女の話を聞いているふりをした。

── ★ pretense 米、pretence 英 [プリテンス]

　　名 見せかけ

　　　　make a pretense of sickness　病気のふりをする

☆ tend(1) [テンド]「tend(〜の方へ引っぱる、広がる)→心をあるものに広げる」

　　自動 〜する傾向がある、〜の方へ向く

　　　　He tends to be lazy.　彼はどうしてもなまけがちだ。

　　　　The path tends toward the beach.

　　　　　その道は海岸の方へ向かっている。

── ☆ tendency [テンデンスィ]

　　名 傾向、性向

　　　　a tendency toward luxury　ぜいたくに流れる傾向

　　　　He has a tendency to eat too much.

　　　　　彼は食べすぎる癖がある。

── ☆ tension [テンション]

　　名 ぴんと張ること、緊張

　　　　the tension of a rope　綱の張り

　　　　He was under great tension.

　　　　　彼はたいへん緊張していた。

── ☆ tense [テンス]

　　形 ぴんと張った、緊張した

　　　　a tense rope　ぴんと張った綱

　　　　She seems very tense.

　　　　　彼女はとても緊張しているようだ。

☆ tend(2) [テンド]「tend−心をあるものに広げる=心を配る」

　　他動 世話をする

　　　tend the sick　病人を看護する

── tender [テンダ]

　　名 世話人・番人

042 ドロップ（ボール） ── 低めに飛んだショットで、途中から急激に左に落下する

ドロップは「滴る・落ちる、落下・しずく」である。ボールをいった
ん落として跳ね上がるところを蹴るサッカーのドロップキックが分
かりやすい用例だろう。まあ、飴玉のドロップは結構であるが、ド
ロップアウト（途中退学・脱落者）はいただけない。

※ drop［ドゥ**ラ**ップ］

- 名 しずく・一滴、落下、ドロップ（あめ玉）
  a drop of rain　雨のしずく
  a drop in prices　値下がり
- 他動・自動 垂（た）らす、落とす
  drop lemon juice into the tea　紅茶にレモンの汁を垂らす
  drop one's voice　声を落とす

── ★ droplet［ドゥ**ラ**ップリット］

- 名 小さなしずく

── ★ dropout［ドゥ**ラ**ップアウト］

- 名 中途退学者・脱落者・ドロップアウト

043 （バック）スピン ── ボールの逆回転、これのかかった球はよく止まる。反対は
　　　　　　　　　　 オーバー・スピン

スピンは「回転させる・紡ぐ、回転」である。スピニングとなれば
「紡績」、スピンドルとなれば「紡錘・（機械の）軸」である。有力
な機械メーカー、日本スピンドルをご案内の向きもあろう。

☆ spin［スピン］

（他動・自動）(spun,spun)紡ぐ、回転させる

　spin cotton into yarn　綿を紡いで糸にする

　spin a top　こまを回す

（名）回転

　fall in a spin　くるくる回りながら落ちる

── ★ spinning［スピニング］

　　（名）紡績、（形容詞的に）紡績の

　　　spinning machine　紡績機

── ★ spindle［スピンドル］

　　（名）紡錘（ぼうすい）、（機械の）軸

044 デッド ── ホールのすぐ近くにボールが寄ること、またはボールがバウンドしないで急激に止まること

デッドは「死んだ・死んだような・活気のない、まったく・すっかり」だ。ダイ（死ぬ）の過去分子で、野球のデッドボールはお馴染みだろう。デスとなれば「死、死亡」である。ダイイングメッセージ、デスマスク、デッドヒート（白熱戦）あたりは日常的にもよく出てくる言葉だ。

※ dead［デッド］

（形）死んだ、死んだ様な・活気のない、全くの

　Dead men tell no tales.　死人に口なし。《諺》

　dead water　よどんだ水

　a dead heat　白熱戦・デッドヒート

（副）全く・すっかり

　be dead asleep　ぐっすり眠っている

── ☆ deadly［デッドリ］

　　（形）致命的な

　　　a deadly blow　致命的な一撃

副 死んだ様に、ひどく

be deadly pale　死人のように青ざめている

deadly tired　ひどく疲れた

※ death［デス］

名 死・死亡

He was burnt to death.　彼は焼け死んだ。

※ die［ダイ］

自動・他動 死ぬ・枯れる

die of illness　病気で死ぬ

2 ルール関係

045 ローカル（ルール） ── コースの特殊条件によって、ゴルフ場ごとに設けられている規則

ローカルは「地方の・土地の」、ロケーションは「位置」、ロケイトは「位置を定める・位置を突き止める・設ける」だ。ローカル線、ローカルニュース、映画のロケ（ロケーション）などはお馴染みだろう。アロケイトとなれば「配分する・割り当てる」である。やや専門的であるが、近年、アロケーションは金融、ITの分野などでよく使われている言葉と聞く。

※ local ［ロウカル］

（形）地方の、土地（場所）の、各駅停車の・短区間の

local news　地方ニュース・ローカルニュース

a local name　地名

a local train　（各駅停車の）普通列車

★ locate ［ロウケイト］

（他動・自動）位置を定める・設ける、位置をつきとめる

He located his new store on the main street.
彼は本通りに新しい店を構えた。

Can you locate the town on the map?
地図でその町の位置を見付けることができますか。

（語源）loc － a place（場所）：ate －動詞語尾

（類語）

☆ allocate ［アラケイト］「al － ad（～に）：locate（場所を定める）＝割り当てる」

（他動）（資金・役割などを）配分する・割り当てる

allocate a large sum of money to education
教育にかなりの金を当てる

└─ ★allocation [アラケーション]

   名 配分・配当・割り当て

locomotion [ロウコモウション]「loco(場所)：motion(運動)＝移動」

  名 移動・運動、交通機関

    the power of locomotion　移動力

    a means of locomotion　交通機関

└─ ★locomotive [ロウコモウティヴ]

   名 機関車

    a steam locomotive　蒸気機関車

└─ ☆location [ロウケイション]

   名 位置、位置の選定、(映画の)野外撮影地

    the location of the church　教会の所在地

    the location of the missing child

     迷子を捜すこと

    That film is on location.

     その映画は野外で撮影中(ロケ中)である

046 ペナルティ ── ルールにもとづく罰則

ペナルティは「罰・罰金」だ。サッカーのペナルティキックはお馴染みだろう。ペインとなれば「苦痛」である。ペインクリニックにお世話になった人も少なくないだろう。さらに、パニッシュとなれば「罰する」である。罰は「痛い」と相場が決まっている。

☆penalty [ペナルティ]

  名 罰・罰金

    death penalty　死刑

語源 pen(pun) – pain(苦痛、罰)より

類語

penance [ペナンス]

名 ざんげ・罰の償い

do penance　罪の償いをする

☆ pain [ペイン]

名 苦痛、(通例 ～s)骨折り

a back pain　背中の痛み

No pains, no gains.　苦は楽の種。《諺》

他動・自動 苦痛を与える

My cut knee pains me.　傷ついたひざが痛む。

── ☆ painful [ペインフル]

形 痛い、骨の折れる

a painful cut in the finger　指の痛い切り傷

a painful duty　苦しい務め

☆ punish [パニッシュ]

他動 罰する

punish a person with death　人を死刑に処する

── ☆ punishment [パニシュメント]

名 罰

physical punishment　体罰

☆ repent [リペント]「re－again」

自動・他動 後悔する・悔い改める

He has nothing to repent of.　彼は後悔することは何もない。

He repented his sin.　彼は罪を悔い改めた。

047 OB [アウト・オブ・バウンズ] ── ルール上プレーが禁止されている区域、または、そこにボールを打ち込むこと。1打罰

アウト・オブ・バウンズは「禁止されて、立入禁止区域に」、バウン

ドは「境界・境界を接する」だ。語源はバインド（縛る・結び付ける）で、こちらは文具や接着材のバインダーでお馴染みだろう。

out of bounds [アウトオブバウンズ]

副・形 禁止されて、立入禁止区域に **英**

The place is out of bounds to students.

そこへは学生は入れない。

── ☆ bound [バウンド]「bindの過去分詞より」

名 (通例 ～s)**境界・境界線**、(通例 ～s)**限界・限度**

Such matters are beyond the bounds of human knowledge.

そういう事は人知の及ばない事だ。

Her joy knew no bounds.

彼女の喜びようといったらなかった。

他動・自動 境界を接する

The United States is bounded on the north by Canada.

米国は北をカナダに接している。

── ☆ boundary [バウンダリ]

名 境界・境界線

a boundary line　境界線

── ☆ bind [バインド]

他動・自動 (bound,bound)**縛る、結び付ける**

They bound him to a pole.

彼らは彼を柱に縛り付けた。

Friendship bound them together.

友情が彼らを結び付けた。

be bound to do　必ず～する、～する義務がある

── ★ binder [バインダ]

名 くくる物(人)・バインダー、帯封

048 プロビジョナル（ボール）── 暫定球。OBやロストボールの恐れがある場合、暫定的に打つ球

プロビジョナルは「暫定的な」、プロビジョンは「用意」、プロバイドは「備える・供給する」だ。メールなどのプロバイダー（接続業者）はお馴染みだろう。「見る」の意の vide を語源とする言葉で、エビデンスとなれば「証拠」である。最近の流行語といってもよいだろう。

★ provisional [プロヴィジョナル]
  形 仮の・暫定的な
    a provisional government　臨時政府
  ☆ provision [プロヴィジョン]
    名 準備
      make provision for the future　将来に備える
    ※ provide [プロヴァイド]
      自動・他動 備える・用意する・与える・供給する
        provide against danger　危険に備える
        Cows provide us with milk.
          雌牛は私達に牛乳を供給する。

語源 pro－before（前に）：vide－see（見る）＝あらかじめ見る
類語
☆ evident [エビデント]「e－out（外に）：vid（見える）：ent（形容詞語尾）＝はっきり見える」
  形 明白な
    an evident mistake　明白な誤り
  ※ evidence [エビデンス]
    名 証拠
      collect evidence　証拠を集める
  ☆ evidently [エヴィデントリ]

56

副 明らかに

He evidently worked very hard.
明らかに彼は熱心に働いたのだ。

└─ ☆provided [プロヴァイド]
接 もし〜ならば

049 ルース・インペディメント ── コース内にある成長または固定していない自然物
のことで、ハザードの外では動かせる障害物となる

ルース・インペディメントは「緩い障害物」の意で、ルースは「緩
い、締まりのない」、インペディメントは「障害物・妨害」である。
ルースは日本語読みではルーズとなり、「ルーズな奴だ」などと用
いられている。まあ、ルーズリーフは大方のお馴染みだろう。イン
ペディメントの方もペダル、ペディキュアなど意外な言葉に繋がっ
ている。

☆loose [ルース]
形 ゆるい、解けた、締まりのない
a loose coat だぶだぶの上着
lead a loose life だらしのない生活を送る
── ☆loosen [ルースン]
他動・自動 ゆるめる・解く
loosen one's collar えりをゆるめる
── loose-leaf [ルースリーフ]
形 (ページを抜き差しできる)ルーズリーフ式の
a loose-leaf notebook ルーズリーフ式ノートブック

★impediment [インペディメント]
名 妨害・障害物

a speech impediment　言語障害

★ impede [インピード]

他動 妨げる・妨害する

be impeded in one's work　仕事の進行を妨害される

語源 im－in：**pede**－foot（足）＝足をからめる

類語

centipede [センティピード]「centi（100）：pede－foot（足）＝百本足」

名 むかで

★ **pedal** [ペダル]「ped－foot（足）：al（形容詞語尾）」

名 （自動車・オルガン・ミシンなどの）**ペダル**

★ **pedestrian** [ペデストリアン]「pedestri－on foot（徒歩で）：an（形容詞・名詞語尾）」

名 歩行者

Pedestrians Only.　歩行者専用（掲示の文句）

pedicure [ペディキュア]「pedi（足）：cure（治療）」

名 足の専門的治療・足専門医、**ペディキュア**（足の指・つめなどの手入れ。手の場合はマニキュア）

★ **pedigree** [ペディグリー]「フランス語で鶴の足の意。家系図の形が鶴の足に似ていることから系図」

名 系図・家系

a family of pedigree　旧家

---

impedance [インピーダンス]

名 **インピーダンス**（交流回路における電圧の電流に対する比）

050 ラブ（オブ・ザ・グリーン）── 進行中の球が局外者によって方向を変えられたり、止められたりすること。不可抗力によるものとみなされ、罰なしに止まった位置から打つことができる

ラブは「こすり・障害、こする」、ラバーは「ゴム・消しゴム」だ。ラバーシューズは大方のお馴染みだろう。

☆ rub［ラブ］

　　名 こすり、(the ～)**困難・障害**

　　　give a spoon a good rub　スプーンをよく磨く

　　　There's the rub.　そこが困った点だ。

　　他動・自動 **こする、こすり落とす**

　　　Rub your glasses with a cloth.　布で眼鏡をふきなさい。

　　　rub the tears away　涙をぬぐう

──☆ rubber［ラバー］

　　　名 **ゴム、消しゴム** 英 、(～ s)**ゴム靴** 米

　　　　Tires are made of rubber.　タイヤはゴムでできている。

──☆ rubbish［ラビシュ］

　　　名 **くず・がらくた**

　　　　a pile of rubbish　ごみの山

051 カジュアル（ウォーター）── コース内にできた一時的な水たまり。ルールにより救済が受けられる

カジュアルは「偶然の・臨時の・くだけた」だ。服装では「カジュアルな装い」などと気軽に使われているが、カジュアリティとなると「事故・災難」だから要注意である。

☆ casual［キャジュアル］

　　形 **偶然の、臨時の、くだけた・ふだん着の**

a casual meeting　偶然の出合い

casual expenses　臨時出費

casual wear　ふだん着・カジュアルウェア

└─★casualty [キァジュアルティ]

　　名 (思いがけない)事故・災難

　　　　Casualty Department　(病院の)救急患者治療科

052 パス ─ 前の組が後の組を先に通過させること

> パスは「通る、許可証・合格・送球」である。交通関係のパスはも
> とよりパスワード、パスポート、フリーパス、コンパスなど日常的に
> 使われる関連語も多い。パッセージとなれば「通行」、パセンジャー
> となれば「乗客」である。さらにサパスとなれば「超える」、トレス
> パスとなれば「侵入する」となる。

※pass [パァス]

　自動・他動 通る、(時間が)たつ、去る、合格する、(ボールを)パスする

　　pass across a bridge　橋を渡る

　　Two years passed (by).　2年が過ぎた。

　　The pain has passed.　痛みがなくなった。

　　pass in the examination　試験に合格(パス)する

　名 許可証・パス、(普通の)合格、山道、送球(パス)

　　a free pass　無料入場券

　　get a pass　普通卒業学位を得る

　　a mountain pass　山道

　　a clever pass to the forward　フォワードへの巧妙なパス

語源 pass(通る)

類語

★surpass [サパァス]「sur－beyond(～を越えて)：pass(通る)＝超える」

他動 ～にまさる、～を越える

He surpasses me in mathematics.

彼は数学で私にまさっている。

My marks surpassed expectation.

私の成績は予想以上だった。

☆ passport [パァスポート]「pass（通る）：port（港）＝旅行免状」

名 旅券・パスポート

★ trespass [トレスパス]「tres－across（横切って）：pass（通る）→侵入する」

自動 （他人の土地へ）侵入する、（他人の権利を）侵害する

You must not trespass on another's land.

君は他人の土地に侵入してはいけない。

They trespassed on my rights. 彼らは私の権利を侵害した。

── ☆ passage [パァセッヂ]

名 通行、通路、航海・旅、（文の）一節・楽節

No passage this way.

この道通るべからず。（掲示の文句）

a passage through a building 建物の中の通路

a smooth passage 平穏な航海

a passage from the Bible 聖書の一節

── ☆ passenger [パァセンヂャ]

名 乗客・旅客

a passenger train 旅客列車

── ★ passer－by [パァサバイ]

名 通行人

053 （ワン・クラブ）レングス ── クラブ1本の長さで、ルール上ドロップする際の範囲の最小基準となる

レングスは「長さ・縦」、語源は言うまでもなくロング（長い）であ

るが、この動詞には「切望する・あこがれる」の意があることに注意しよう。

☆ length [レンクス]

名 長さ・縦、(時間・音などの)長さ・期間

These are both of the same length. この二つは同じ長さです。

the length of life　寿命

── ★ lengthen [レンクスン]

他動・自動 長くする・延ばす

lengthen a skirt　スカートの丈を長くする

── ※ long [ローング]

形 長い(距離、時間)、長さが〜の

for a long time　長い間

a book sixty pages long　60ページの本

自動 切望する・あこがれる

We all long for peace.　私たちは皆平和を切望する。

語源 long (長い)

類語

★ prolong [プロローング]「pro－forth (前へ)：long」

他動 延長する・長びかせる

The meeting was prolonged into the evening.

会合は長びいて夕方までかかった。

☆ linger [リンガ]「ling－long：er (動詞語尾)」

自動・他動 長びく・ぐずぐずする

He lingered after all had gone.

彼は皆が行ってしまったあとまでぐずぐずしていた。

oblong [アブローング]「ob－toward：long」

名 長方形

└─★ longing［ローンギング］

名 切望・あこがれ

He has a longing to go camping.
彼はキャンプに行きたがっている。

054 リプレース ── 球を元の位置にもどし、置き直すこと

リプレイスは「元の所に置く・〜に取って代わる」だ。プレイスは「置く、場所」で、プレイスメントとなると「配置・採用」である。近年は、入学直後の「プレースメントテスト」（クラスの振り分けテスト）が関心を集めていると聞く。プレースメントオフィスと言えば大学などの就職課である。

☆ replace［リプレイス］

他動 元の所へ置く・返す、〜に取って代わる・取り替える

Please replace the book on the desk.
本を机の上にもどしなさい。
Oil has replaced coal.　石油が石炭に取って代わった。

語源 re － again（再び）：place（置く、場所）
類語

※ place［プレイス］

名 場所・土地、座席、職、地位

one's native place　故郷
take one's place　着席する
lose one's place　職を失う
Shakespeare's place in English literature
　英文学におけるシェイクスピアの地位
take place　（事件などが）起こる

他動・自動 置く・配置する

I am placed in a difficult position.

私はむずかしい立場に置かれている。

└─ ★placement [プレイスメント]

名 配置・置くこと、採用

placement agency　職業紹介所 米

☆displace [ディスプレイス]「dis－apart：place（置く）」

他動 置き換える・取って代わる

The streetcar was displaced by the bus.

市街電車はバスに取って代わられた。

---

055 マーク ── ルールによってボールを拾い上げるときに置く目印、または目印を置く
こと。相手よりマークを求められてこれを拒否するとルール違反となる

マークは「印・記号・跡、印を付ける」である。クエスチョンマーク
（疑問符）はともかく、キスマークに人はドキッとするだろう。リ
マークとなれば何回も印を付けるから「注目」となる。

※mark [マーク]

名 記号・印、跡、得点、目標

a question mark　疑問符・クエスチョンマーク

a birth mark　あざ

full marks　満点

hit the mark　的にあたる

他動・自動 印を付ける、記す・記録する

Mark the place on this map.　その場所を地図に印を付けなさい。

mark the score in a game　試合で得点を付ける

語源 mark（印を付ける）

類語

☆**remark**[リマーク]「re－again（ふたたび）：mark（印を付ける）＝改めて注意する」

名 注目、批評・意見

be worthy of remark　注目に値する

make a few remarks　二～三の意見を述べる

他動・自動 (意見を)**述べる・書く、気づく**

He remarked that he had never seen such a thing.

そんな物は見たことがないと彼は言った。

We remarked her sad face.

我々は彼女の悲しそうな顔に気づいた。

☆**remarkable**[リマーカブル]

形 注目すべき・驚くべき

a remarkable change　非常な変化

☆**marker**[マーカ]

名 印を付ける人(物)・マーカー、目印

056 アテスト ─ スコアカードにマーカーがサインし、スコアが正しいことを確認し、証明すること

アテストは「証明する」だ。コンテストとなれば「競う・競争」、プロテストとなれば「抗議する、抗議」である。キリスト教のプロテスタントがここから出ていることはいうまでもなかろう。

★**attest**[アテスト]

他動・自動 証明する

This fact attests his honesty.　この事実は彼の正直さを証明する。

語源 at(～に)：test(証明する)

類語

☆ contest [カンテスト]「con－together(共に)：test(証明する)→勝敗を証明してもらう」

(他動・自動) 競う、論争する、抗争する

contest a prize　賞を争う

contest a point　ある点について論争する

(名) 競争・論争

a speech contest　弁論大会

☆ protest [動：プロテスト、名：プロウテスト]「pro－in public (人々の前で)：test(証明する)＝人々の前で証言する、人前で反証する」

(他動・自動) 主張する、反抗する、抗議する

He protested that he never stole a penny in his life.

彼は生まれてから1銭だって盗んだことがないと主張した。

protest heavy taxes　重税に抗議する

(名) 抗議

make a protest against　～に抗議する

└── ★ protestant [プラテスタント]

(名) (P～)新教徒・プロテスタント、抗議する人

☆ testify [テスティファイ]「test(証明)：ify(動詞語尾)」

(他動・自動) 証言(明)する

He testified that he had seen it.　彼はそれを見たと証言した。

---

057 サイン ── アテストの際、スコアを確認し署名すること

サインは「しるし・合図・記号、合図する」だ。ネオンサインはぴったりの用例と言えよう。デザインとなれば「設計、設計する」で、リザインは「辞職する」、アサインは「割り当てる」である。デザイナーなどこの類語は多いが、アサイメントは「宿題」だから忘れるわけにはいかないだろう。

※ sign [サイン]

名 しるし、合図、記号、標識・看板

    as a sign of one's love　愛のしるしとして

    make a sign of　〜の合図をする

    the plus sign　プラス記号(+)

    Good wine needs no sign.　よい酒に看板はいらない。《諺》

他動・自動 合図する、署名する

    The coach signed me to hit.　コーチは私に打てと合図した。

    sign a letter　手紙に署名する

語源 sign(印を付ける)

類語

☆ assign [アサイン]「as－to(〜に)：sign(印を付ける)=だれのものか分かる
ように印を付ける→割り当てる」

他動 割り当てる・指定する

    They assigned us a small room.

    彼らは私達に小さな部屋を割り当てた。

    assign a day for a meeting　会合の日を指定する

    ── ☆ assignment [アサインメント]

        名 割り当て・宿題・仕事

        Have you done your assignment?

        君はもう宿題をやってしまったのか。

★ consign [コンサイン]「con－together：sign(印を付ける)=封印する→委
託する、任せる」

他動 委託する・任せる

    consign one's soul to God　魂を神にゆだねる、死ぬ

☆ design [ディザイン]「de－down(下に)：sign(印を付ける)=設計する」

名 デザイン・意匠、計画

    designs for dress　服のデザイン

    by design　計画的に、故意に

他動・自動 計画する・〜するつもりである、設計する

She designs to be a nurse.

彼女は看護婦になるつもりである。

Mr. Smith designed the hall.

スミス氏がそのホールを設計した。

───☆ **designate** [デズィグネイト]「design：ate－動詞語尾」

他動 指定する、指名する

Underlines designate important words.

下線は重要語を示す。

designated hitter　（野球）指名代打者(DH)

☆ **resign** [リザイン]「re－again(再び)：sign(署名する)＝辞職する(辞職の時は再び署名する)」

自動・他動 辞職する

He resigned from his office.　彼は辞職した。

───★ **resignation** [レジグネイション]

名 辞職・辞表

a letter of resignation　辞表

★ **signify** [スィグニファイ]「sign(しるし)：ify(動詞語尾)＝(合図、身ぶりなどで)〜を示す、意味する」

他動・自動 表明する、意味する・重要である

He signified that he would resign.

彼は辞職することを表明した。

What does this phrase signify?　この句はどういう意味か。

It doesn't signify.　それはたいしたことではない。

───☆ **significance** [スィグニフィカンス]

名 意味、重要性

the real significance of this event

この事件の真の意味

a matter of no significance　なんでもない事

───☆ **significant** [スィグニフィカント]

⑱ 意味のある、重要な

a significant wink　意味深長なめくばせ

a significant fact　重要な事実

☆ signal [スィグナル]

㊌ 信号・合図・シグナル

a traffic signal　交通信号

他動・自動 信号を送る、合図する

☆ signature [スィグナチャ]

㊌ 署名

They collected signatures.　彼らは署名を集めた。

058 コンペ [コンペティション] ― 競技会

> コンペ [コンペティション] は「競争・競技会」、コンピートは「競争する」、コンペチターは「競争者・競争相手」である。チョット難しくなるが、意外にも、食事の際の食前酒など食欲を促す「アペタイザー」にもつながっている。

☆ competition [カンペティション]

　　名 競争、競技（会）

　　　　in competition with　〜と争って

　　　　a skiing competition　スキー競技会

　　└─☆ compete [コンピート]

　　　　　自動 競争する、匹敵する

　　　　　　compete with a person for a prize　人と賞を争う

　　　　　　Nothing can compete with this in quality.

　　　　　　　品質でこれに勝てるものはない。

語源 com－together（共に）：**pete**－seek（求める）＝ある物を得んと求め合う

類語

☆ appetite [アペタイト]「ap－to：pet（求める）：ite（名詞語尾）」

　　名 食欲、欲望

　　　　loss of appetite　食欲不振

　　　　an appetite for writing　創作欲

　　└─ appetizer [アペタイザ]

　　　　　名 （食前酒など）**食欲を促すもの・アペタイザー**

　　　　　　Hunger is a good appetizer.

　　　　　　　空腹は人の食欲を進める。

☆ petition [ペティション]「peti（求める）：tion（名詞語尾）」

名 請願・請願書

We signed the petition. 我々はその請願書に署名した。

他動・自動 請願する・嘆願する

petition the government for ~を政府に請願する

--- ☆ competitive [コンペティティヴ]

形 競争の

a competitive examination 競争試験

--- ☆ competitor [カンペチター]

名 競争者・コンペチター

--- ☆ competent [カンペテント]

形 有能な、十分な

He is competent for the work.

彼はその仕事をする能力がある。

--- ★ competence [コンピータンス]

名 能力

I doubt his competence for the work.

彼がその仕事をやる能力があるかどうか疑問です。

059 ストローク（プレー）── 総打数、またはそれから各自のハンディキャップを引いた打数で争う競技方法

ストロークは「打つこと・一打・一動作」、ストライクは「打つ」だ。水泳のストローク、野球のストライクはお馴染みだろう。ストライカーともなればサッカーの華である。

☆ stroke [ストロウク]

名 打つこと・一打、一動作、一筆

at a stroke 一撃で、一挙に

a stroke of a piston ピストンの一動き

71

a finishing stroke　仕上げの一筆

└─ ※ **strike** [ストライク]

　　名 **打つこと、ストライキ、(野球)ストライク**

　　　I heard the strike of the clock.
　　　　時計の打つ音が聞こえた。

　　　be on (a) strike　ストライキをしている

　　他動・自動 (struck,struck)**打つ、ぶつける、人の心を打つ(感動させる、心に浮かぶ)**

　　　He struck me on the head.　彼は私の頭をなぐった。

　　　He struck his head against the door.
　　　　彼はドアに頭をぶつけた。

　　　A good idea struck me.　よい考えがふと心に浮かんだ。

└─ ☆ **striker** [ストライカー]

　　名 **打つ人・打者・(サッカー)ストライカー**

---

060 オナー ── 各ホールのティーグランドで最初にプレーする人に与えられる栄誉称号

オナーは「名誉、尊敬する」、オナラブルは「尊敬すべき・名誉ある」だ。「オン・マイ・オナー」となれば「名誉をかけて・誓って」である。かなりトリビアルな話であるが、社交ダンスの競技会では優勝者によるオナーダンスが披露される。

※ **honor** ⽶ **honour** 英 [アナ]

　　名 **名誉、尊敬**

　　　a position of honor　名誉ある地位

　　　pay honor to the king　王に敬意を払う

　　他動 **尊敬する、名誉を与える**

　　　honor one's father　父を尊敬する

　　　I am very honored to meet you.　お目にかかれて光栄です。

└─ ☆honorable [アナラブル]

形 尊敬すべき、名誉ある

All work is honorable. 職業に貴賤はない。

an honorable duty 名誉ある務め

061 ドロー ── マッチプレーにおいて1ホールの勝負を引き分けること。プレーの組み合わせ、順番などをくじ引きで決める場合にも使われる

ドローは「引く・引き分ける」である。詳細に関しては 040 ドロー（ボール）の項参照

※draw [ドゥロー]

040 ドロー（ボール）の項参照

062 ギブアップ ── マッチプレーにおいてホールアウトする前に勝負をあきらめること

ギブアップは「あきらめる・やめる」、ギブは「与える」、ギフトは「贈り物・（天より与えられた）才能」だ。フォギブとなれば、与えられたものを放棄し、「許す」となる。

★give up [ギブアップ]

他動 あきらめる、やめる

give up the plan 計画をあきらめる

give up smoking たばこをやめる

└─ ※give [ギブ]

他動・自動 (gave,given)与える、（ある動作を）する、催す

I gave 500 yen for this book. この本に500円支払った。

give a cry さけぶ

give a party パーティを開く

☆ given [ギヴン]

形 **与えられた・一定の、〜と仮定して、〜にふける**

on a given day　定められた日に

Given good health, I hope to finish the work this year.

　健康に恵まれれば今年この仕事を終えたい。

He is given to reading.

　彼は読書にふけっている。

☆ gift [ギフト]「与えられた物の意」

名 **贈り物、(天より与えられた、生まれつきの)才能**

a birthday gift　誕生日の贈り物

a gift for music　音楽の才能

☆ forgive [フォギヴ]「for−away：give→放棄する→許す」

他動・自動 **許す**

Will you forgive me?　私を許してくれますか。

063 コンシード ─ マッチプレーの場合、相手のパットにOKを出すこと

コンシードは「譲歩する・認める」だ。「行く」の意の cede を語源とする言葉で、サクシード (成功する)、プロシード (進む)、エクシード (超える) など重要な言葉につながっている。これらの名詞形であるサクセス (成功)、プロセス (過程) なども大切な言葉だろう。サクセスストーリー、生産プロセスなどは日常的にも耳にするところだ。さらに、リセッションともなれば最近なにかと話題になる「景気後退」である。

☆ concede [コンスィード]

他動 **譲歩する、認める、与える・ゆずる**

They conceded the matter to me.　彼らはその件で私に譲歩した。

We must concede that this is true.

これが事実であることを我々は認めなければならない。

We cannot concede any of our territory.

わずかなりとも我が領土を与えることはできない。

語源 con-with：**cede・ceed**-go＝共に行く→歩みよる

類語

☆ succeed [サク**スィ**ード]「suc-under（下に）：ceed-go＝～の下に来る

→後任となる→相続する、または、～の下から出る→成功する」

自動・他動 成功する、後を継ぐ

He succeeded as an artist.　彼は画家として成功した。

He succeeded to his father's business.

彼は父親の事業を引き継いだ。

── ☆ succession [サク**セ**ション]

名 相続（権）、連続

a succession tax　相続税

a succession of victories　連勝

── ☆ successive [サク**セ**スィヴ]

形 連続する・引続いた

for three successive years　3年連続して

── ☆ successor [サク**セ**サ]

名 後任者・相続人

He is a successor to her.　彼が彼女の後任者です。

── ※ success [サク**セ**ス]

名 成功

success in the examination　試験の合格

── ※ successful [サク**セ**スフル]

形 成功した

a successful play　大当たりの芝居

☆ exceed [エク**スィ**ード]「ex-beyond：ceed-go＝越える」

他動・自動 越える、しのぐ・まさる

exceed the speed limit　制限速度を越える

Platinum exceeds gold in value.

　プラチナは価値の点で金をしのぐ。

★ **exceedingly** [エクスイーデングリ]

　副 非常に

☆ **excess** [エクセス]

　名 超過

　　an excess of exports　輸出超過

☆ **excessive** [エクセスィヴ]

　形 多すぎる・過度の

　　excessive charges　法外な料金

★ **precede** [プリースィード]「pre－before：cede－go＝～より前に行く」

　他動・自動 ～に先立つ

　　Monday precedes Tuesday.　月曜日は火曜日の前にくる。

☆ **proceed** [プロスィード]「pro－before：ceed－go＝前の方へ行く」

　自動 進む、続行する

　　proceed to university　大学に進む

　　He proceeded with his work.　彼は仕事を続行した。

☆ **process** [プラセス]

　名 過程・進行、工程・製法・プロセス

　　the process of growth　成長の過程

　　What process is used in making paper?

　　　紙の製造にはどの製法が用いられていますか。

　他動 加工する・処理する

　　processed cheese　加工チーズ・プロセスチーズ

recede [リスィード]「re－back：cede－go＝戻る」

　自動 退く・遠ざかる

　　The waves recede from the rock.　岩から波が引く。

★ **recess** [リセス]

　名 休憩・休み

take a recess　休む

└─★ recession［リセション］

　　　名 後退、不景気・リセッション

accede［アクスィード］「ac‐to：cede‐go=近づく、合わせる」

　自動 同意する・承認する

　　accede to a proposal　提案に同意する

└─☆ access［アクセス］

　　　名 接近、(電算機)アクセス・呼び出し

　　　　an access road　(ある施設への)進入路

└─☆ concession［コンセション］

　　名 譲歩

　　　make mutual concessions　互いに譲り合う

064 ドーミー(ホール) ── マッチプレーで勝ち越しているホールの数と残りのホールの数が同数となっているホール

ドーミーは「残ったホールだけ勝ち越している」だ。ドミトリー(寄宿学舎・寮)につながっている言葉との説があるが、詳細は不明である。

dormy［ドーミ］

　形 (ゴルフ)残ったホールだけ勝ち越している

語源 dorm‐sleepより(正確には不明)

類語

★ dormitory［ドーミトーリ］「dormi‐sleep：tory(名詞語尾)」

　名 寄宿舎・寮・合宿所

★ dormant［ドーマント］「dorm‐sleep：ant(形容詞語尾)」

　形 眠っている・活動していない

a dormant volcano　休火山

065 エキストラ(ホール) ── 延長ホール

エキストラは「余分の・臨時の、余分のもの」だ。映画のエキスト
ラ、野球のエキストライニング(延長回)が分かりやすい用例だろ
う。「外の」の意の exter を語源とする言葉で、エキスターナルは
「外部の」、エキストリームは「極端な」、エキストローディナリーは
「異常な」である。エクスティリアとなれば「外部、外部の」で、こ
の反対のインティリアは「室内装飾」の意味でよく使われている。

☆ extra [エクストラ]

　形　余分の・臨時の

　　　an extra train　臨時列車

　名　余分(規定外)の物(割り増し料金・号外・臨時増刊・臨時雇い・映画のエキストラ)

　　　Wine is an extra.　酒代は別にちょうだいします。

　副　余分に・特別に

　　　extra good wine　飛びきり上等のぶどう酒

語源 exter − outer(外の)より

類語

☆ external [エクスタ～ナル]

　形　外の・外部の、表面的な

　　　the external world　外界

　　　external politeness　見せかけの丁寧さ

　　└ ☆ internal [インタ～ナル]

　　　　形　内の・内部の

　　　　　　the internal organs　内蔵

☆ extreme [エクストリーム]「exterの最上級」

形 極端な・非常な、先端の・果ての

extreme pain　激痛

extreme hopes　最後の望み

──☆ extremely [エクストリームリ]

副 非常に・極端に

She is extremely happy.　彼女はとても幸福です。

☆ extraordinary [エクストローディネリ]「extra（外の）：ordinary（普通の）

=普通であることを越えている→普通でない」

形 異常な・法外な

extraordinary situations　異常な事態

★ exterior [エクステリアリア]「exter の比較級」

形 外の・外部の、対外的な

the exterior side　外側

an exterior policy　対外政策

名 外部・外側

He painted the exterior of his house.

彼は家の外側をペンキで塗った。

──☆ interior [インティアリア]

形 内部の・内側の、国内の

interior decoration　室内装飾

the interior trade　国内貿易

名 内部

the interior of a house　家の内部

---

066 サドン（デス）── 延長戦（プレーオフ）の際、1ホールごとの勝負で決着をつけ
　　　　る競技方法。突然の死の意

サドンは「突然の」、サドンリィは「突然に・不意に」だ。ゴルフだけ
でなくホッケー、サッカーなどでもこのルールが用いられている。

デスに関しては 044 デッドを参照頂きたい。

☆ sudden [サドン]

- 形 突然の・不意の

  a sudden shower　にわか雨

- 名 突然

  all of a sudden　突然に

- ※ suddenly [サドンリ]

  - 副 突然・不意に

    Suddenly the horse started running.

    突然その馬が走りだした。

※ death [デス]

044 デッドの項参照

4 スコア関係

パー ── 各ホールで規定された基準打数

> パーは「同等・標準」だ。ここから、コンペア（比較する）、コンパ
> リズン（比較）が出てくる。チョット専門的となるが、農産物の価格
> を決める際の指標であるパリティ（等価）も同じである。

☆ **par** [パー]

名 同等・等価、標準・平均

The profit and loss are about on a par.

損益はほぼ同額である。

above (below) par　標準以上(以下)で

語源 par・pare － equal（同じの）

類語

※ **compare** [コンペア]「com － together：pare － par（同じの）＝（優劣・大
小などを決めるために）同じように集める」

他動・自動 比較する・比べる、たとえる・匹敵する

compare a sentence with another

ある文章をもう一つのものと比べる

Life is often compared to a voyage.

人生はしばしば航海にたとえられる。

No one can compare with him.　だれも彼にかなわない。

── ☆ **comparison** [コンパァリスン]

名 比較

make a comparison between the past and
present

現在と過去を比較する

── ☆ **comparable** [カンパラブル]

　　　　　　形 比較できる・類似点がある、匹敵する

　　　　　　Tokyo is comparable with New York.

　　　　　　　東京はニューヨークと類似点がある。

　　　　　　No other book is comparable to this in Japan.

　　　　　　　日本でこれに匹敵する本はない。

────☆ comparative [コンパァラティヴ]

　　　　　　形 比較上の、比較的・かなりの、比較級の

　　　　　　comparative literature　比較文学

　　　　　　in comparative comfort　かなり楽に

　　　　　　the comparative degree　（文法）比較級

　　　　　名 比較級

────★ comparatively [コンパァラティヴリ]

　　　　　　副 比較的・わりあいに

　　　　　　　It is comparatively difficult.

　　　　　　　それはかなり難しい。

☆ peer [ピア]

　　　名 (能力・価値が)同等の人(物)・同僚、貴族 英

　　　a great king without a peer　並ぶ者のない偉大な王

★ parity [パァリティ]

　　　名 同等・等価

　　　parity price　パリティ価格(農産物の価格決定方式の一つ)

068 バーディ ─ パーよりも1つ少ない打数

バーディは「小鳥ちゃん (小鳥の愛称)」だ。1903年、A. H スミスというゴルファーがパーより一打少なくホールアウトしたとき、「鳥のごとく飛んだショット」と叫んだ故事に由来すると聞く。

☆ birdie [バ～ディ]

名 小鳥ちゃん(bird の愛称)、(ゴルフ)バーディ

Watch the birdie!

はい、鳩が出ますよ(子供にカメラの方を見させる時の文句)

└──※bird [バ〜ド]

名 鳥、人・やつ

Birds of a feather flock together.　類は友をよぶ。《諺》

an early bird　早起き者

069 イーグル ── パーより2つ少ない打数

イーグルは「鷲」だ。バーディと鳥が出てきたので、より大きく、アメリカの国章でもあるイーグルが米国人により付けられたものと推測される。

★eagle [イーグル]

名 わし、(ゴルフ)イーグル

spread eagle　翼を広げたわし(米国の国章)

eagle−eyed [イーグルアイド]

形 (わしのように)目の鋭い

eaglet [イーグリット]

名 子わし

070 アルバトロス ── パーより3つ少ない打数

アルバトロスは「あほう鳥」だ。翼と風を巧みに利用して長距離をやすやすと飛ぶと言われている。飛距離はイーグルより上なのだ。この命名は球聖と言われるボビー・ジョーンズとされており、大変面白いエピソードがあるが、長くなるので省略としよう。ちなみに、この一つ上はコンドルと聞く。

albatross［アルバトロース］

　名 あほう鳥

071 ボギー ── パーより1つ多い打数

ボギーは「お化け」だ。第一級のプレーをする想像上のパートナー、「ボギー大佐」に由来する、あるいはなかなか捕まらない人さらいといわれる「ボギーマン（ブギーマン）」に由来するなど諸説あるが、いずれも冗長で、説得力に欠けるので詳細は省略したい。言うまでもなく、ダブルボギーはパーより2打多い打数、トリプルボギーは3打多い打数である。

★bogey［ボウギ］

　名 お化け・恐ろしいもの、（ゴルフ）ボギー

072 （ベスト）グロス ── 総打数（グロス）が最も少ない者。略してベスグロ

グロスは「総体、総計の・粗野な」である。経済の重要の指標であるGDPは「グロス・ドメスチック・プロダクト」の略なのだ。グローサリーとなれば「食料雑貨商（原義は卸売り商人）」である。

☆gross［グロウス］

　形 総計の、粗野な

　　　gross national product　国民総生産（GNP）

　　　a gross joke　品のない冗談

　名 総体、グロース（12ダース）

　　　by the gross　全体で・卸し売りで

　──★grocer［グロウサ］「原義は卸売り商人」

　　　名 食料雑貨商

　　　　a grocer's shop　食料品店

└─★ grocery［グ**ロ**ウサリ］

　　名 食料雑貨販売業

　　　He is in the grocery business.
　　　彼は食料雑貨を扱っている。

073 オフィシャル（ハンディキャップ）── 所属するゴルフクラブによって正式に認
　　　　　　　　　　　　　　　　　　　　　められているハンディ

> オフィシャルは「公の・公認の・正式な」だ。オフィスは解説不要だ
> が、「官職・役所」の意味があることに注意しよう。さらに、オフィ
> サーとなれば「将校・幹部」など偉いのである。最近よく耳にする
> CEO はチーフ・エグゼクティブ・オフィサーの略で、経営最高責任
> 者である。

☆ official［オ**フィ**シャル］

　　形 公の、公認の・正式の

　　　an official business　公務
　　　an official record　公認記録

　　名 役人・公務員

　　　a public official　公務員

└─※ office［**オー**フィス］

　　　名 事務所・会社、官職・役目、役所（官庁、局、省）

　　　　a head office　本社
　　　　take office　公職につく
　　　　a post office　郵便局

　　└─☆ officer［**オー**フィサ］

　　　　名 公務員、将校・士官、役員・幹部

　　　　　a public officer　公務員
　　　　　a naval officer　海軍将校
　　　　　a chief executive officer (CEO)

074 プライベート（ハンディキャップ）── クラブではなく仲間内で決められたハンディキャップ

> プライベートは「私的な・雌雄の・秘密な」だ。「プライベートな問題」などと使われるが、最近でもよく問題となるプライバシーは「私的自由」である。

☆ private [プライベート]

形 私的な、私有の・民間の

  private life　私生活

  a private road　私鉄

── ☆ privacy [プライヴァシー]

  名 プライバシー・私的自由

    an invasion of privacy　プライバシーの侵害

語源 privi（一人ひとりの、私的な）より

類語

☆ privilege [プリヴァリヂ]「privi（一人一人の）：lege（法）」→特権

名 特権・特典

  the privilege of free admission　入場無料の特権

動 ～する特権を与える

  He is privileged to go out tonight.

    彼は今夜外出の特権を与えられている。

---

5 ゴルフコース

075 (ゴルフ)コース ── ゴルフをプレーする場所。プレーは通常ホールの順番にそっ
て行われる

> コースは言うまでもなく「進路」であるが、「速く走る・勢いよく流
> れる」の意味あることに注目しよう。「走る」の意である cur を語
> 源とする言葉で、オカーとなれば「起こる」、インカーとなれば「招
> く」である。さらに言えば、カレント(現在の)、コンコース(中央
> 広場)など、一般的にも使われる言葉にもなる。やや難しいが、イ
> ンターコース(交際)、ディスコース(会話・講演)も付けておこう。

※ course [コース]

> **名** 進路、進行・過程、(運動、競技などの)コース、(定食の)一品・コース
>
> The ship changed its course.　船は進路を変えた。
>
> the course of study　学習過程
>
> **他動・自動** 早く走る・(液体が)勢いよく流れる
>
> Tears coursed down her cheeks.
>
> 涙が彼女のほほを流れ落ちた。

語源 cour-run(走る)より

類語

☆ intercourse [インタコース]「inter(中を):course(走る)→走り入る→交
際」

> **名** 交際・交流
>
> the cultural intercourse between the two nations
>
> 両国間の文化交流

★ discourse [ディスコース]「dis-from:course(走る)=いったり来たりす
る→会話」

> **名** 講演、会話

in discourse with ～と語り合って

自動 講演する・話す

discourse on the poet　詩について講演する

concourse [カンコース]「con－together(共に)：course(走る)＝走り集まる→合流」

名 (人・物の)集まり・集中、中央広場・コンコース 米

at the concourse of two rivers　二つの川の合流点で

☆ **incur** [インカ～]「in－into：cur(走る)＝走り入る→ある状態に陥る」

他動 (危険・損害・非難などを)招く・受ける

incur losses　損害を受ける

☆ **occur** [オカ～]「oc－toward：cur(走る)＝走り入る、～の方にやってくる→起こる、～に浮かぶ」

自動 起こる・発生する、思い浮かぶ

A big earthquake occurred in Tokyo in 1923.

1923年東京に大地震が起こった。

A bright idea occurred to me.　すばらしい考えが浮かんだ。

★ **concur** [コンカ～]「con(共に)：cur(走る)＝共に走る」

自動 一致する・同意する、同時に起こる

I can't concur with you on this point.

この点は私は君に同意しない。

Everything concurred to produce a successful result.

あらゆることが重なって好結果を生んだ。

☆ **current** [カ～レント]「curr(走る)：ent(形容詞語尾)＝流れている」

形 通用する・流行する、現在の

current money　通貨

current English　時事(現代)英語

名 流れ、時勢の流れ

a cold current　寒流

the current of public opinion　世論の動向

└─ ☆ currency [カ～レンスィ]

名 通用・流通、通貨

words in common currency　一般に通用している語

paper currency　紙幣

└─ courser [コーサ]

名 駿馬・馬

076 パブリック（コース）── 会員制ではなく、一般に公開されているコース。欧米
では公共団体が経営しているコース

パブリックは「公の・公共の、公衆」だ。パブリッシュとなれば「出
版する」、パブリシティは「宣伝・広告」である。さらに、リパブリッ
クとなれば「共和国」だ。米国の民謡であり、南北戦争における北
軍の行進曲であった「リパブリック讃歌」に聞き覚えのある向きは
少なくないだろう。近年、愛好者が多いパブがパブリックハウスの
略であることを付け加えておこう。

※ public [パブリック]

形 公の・公共の

a public telephone　公衆電話

名 公衆・民衆、～界・～仲間

the American public　アメリカの民衆

the music public　音楽界

語源 publ － people（人々）：ic（形容詞語尾・名詞語尾）

類語

☆ publish [パブリッシュ]「publ － people：ish（動詞語尾）→公にする」

他動 公表する・発表する、発行する・出版する

publish the news　ニュースを発表する

Many books on Japan are published every year.
毎年日本に関する多数の書物が出版されている。

── ☆ publication [パブリケイション]

名 公表、出版・出版物

the publication of a report　報告の公表
new publications　新刊書

── ☆ publicity [パブリシティ]

名 公開・知れわたること、宣伝・広告

seek publicity　有名になりたがる
a publicity campaign　宣伝活動

☆ republic [リパブリック] 「re－thing：public＝公共のことがら」

名 共和国・共和政体

── ☆ republican [リパブリカン]

形 共和国の、(R～)共和党の 米

the Republican Party　共和党

名 共和制主義者、(R～)共和党員 米

077 フェアウェー ── ティーグラウンドとグリーンの間の芝を短く刈って整地された区域

フェアウエーは「障害物のない通路・航路」、フェアは「公平な・美しい、晴れた」である。スポーツのフェアプレーが分かりやすい用例であるが、最近では発展途上国を支援するための「フェアトレード (公正貿易)」も注目されるようになってきた。さらにお馴染みの用例を上げれば、ニッサンの名車、「フェアレディ」、ミュージカルの「マイ・フェアレディ」だろう。

fairway [フェアウェイ]

名 障害物のない通路・地域、航路、(ゴルフ)フェアウェイ

└─ ※ fair［フェア］

　　形 公正な、晴れた、かなりの、金髪の、美しい

　　　a fair price　公正な値段

　　　a fair day　晴れた日

　　　fair health　かなりよい健康

　　　fair hair　金髪

　　　Oh! my fair lady!　ああ、うるわしの君よ。

　└─ ☆ unfair［アンフェア］

　　　形 不公平な、不正な

　　　　an unfair share　不公平な分け前

　　　　by unfair means　不正な手段で

　└─ ※ fairly［フェアリ］

　　　副 公正に、かなり

　　　　treat a person fairly　人を公平に扱う

　　　　fairly well　かなりよく

078 ラフ ── コースの内、グリーンとフェアウェイとハザードを除いた地域で、雑草などが生えている

ラフは「粗い・乱暴な・荒天の」だ。「ラフな装い」、ラフスケッチ（素描）、ラフ原稿などと使われている。硬式テニスラケットのざらざらしている裏面もラフである。

☆ rough［ラフ］

　　形 粗い、荒天の、乱暴な、大体の

　　　rough cloth　ざらざらした布

　　　The sea is rough.　海は荒れている。

　　　a rough sports　荒っぽいスポーツ

　　　a rough sketch　素描（そびょう）・ラフスケッチ

　　名 粗いもの、未加工品・原稿、（ゴルフ）ラフ

    ★ roughly [ラフリ]

        副 手荒く、おおよそ

        The doctor treated me roughly.

         医者は私を手荒く扱った。

        roughly speaking　大ざっぱに言えば、概して

---

079 ハザード ── コース内の障害地域（バンカー、ウォーターハザードなど）

ハザードは「危険・偶然」だ。自動車のハザードランプが分かりやすい用例であるが、近年では災害防止のための「ハザードマップ」、経営などの「モラルハザード」が著しく注目されるに至っている。

☆ hazard [ハァザド]

    名 危険・危険物、偶然・運、（ゴルフ）ハザード

        at all hazards　どんな危険をおかしても、万難を排して

        at hazard　運を天にまかせて

    他動 危険にさらす

        Soldiers hazard their lives constantly.

         兵士はいつも生命を危険にさらしている。

080 ラテラル（ウォーター・ハザード） ── コースに平行して置かれているウォーター
                       ハザード

ラテラルは「横の・側面の」だ。一部のスポーツで使われているラテラルパス、体力づくりとして提唱されているラテラルジャンプなどの用例もあるが、ことに注目されるのはラテラルシンキング（水平思考）だろう。縦に思考を深めるロジカルシンキング（論理思考）に対し、思考を横に広げるのだ。

★ lateral [ラァテラル]

形 横の・側面の

a lateral plan　（建築の）側面図

名 側面

★ latitude［ラァティテュード］

名 緯度

the north latitude　北緯

---

081 バンカー ── くぼみになっている砂地のハザード

バンカーは「（船や屋外の）燃料庫・（地中に掘った）防空壕」である。最初は家畜が強風から避難した窪地に由来すると聞く。

☆ bunker［バンカ］

名 （船や屋外の）**燃料庫**、（地中に掘った）**防空壕**、（ゴルフ）バンカー

---

082 クロス（バンカー） ── フェアウェイを横切って作られているバンカー

クロスは「横切る・反対の、横切る・交差させる、十字架」、クロッシングは「交差点・横断」である。最近注目が高まっている陸上競技のクロスカントリー、サッカーのクロスパス、野球のクロスファイヤー（十字砲火）、服装のクロスステッチ（十字縫い）などの多くの用例がある。レッドクロスとなれば「赤十字」である。

※ cross［クロース］

名 **十字架**、(the C～)**キリスト教、苦難、十字形**

die on the cross　はりつけになる

a soldier of the Cross　十字軍戦士

No cross, no crown.　苦は楽の種。《諺》

the Red Cross　赤十字

他動・自動 **交差させる、横切る、すれちがう**

cross one's arms　腕を組む

cross a road　道を横切る

Our letters crossed each other.
　　私達の手紙は行きちがいになった。

形 横切る、反対の、きげんの悪い

a cross street　交差した道路

cross winds　逆風

a cross look　不機嫌そうな顔

― ★ crossing [クロースィング]

名 横断、交差点

No crossing.　横断禁止。(掲示の文句)

an overhead crossing　立体交差点

083 (アンダー)リペアー ― 修理地

リペアは「修理する、修理」だ。これがプリペアとなれば「準備する」となる。さらに、プリパレーションとなれば「準備」、プレパレートリーは「予備の」である。やや余談ともなるが、ファッションの分野で使われている「プレッピールック」はこのプレパレートリーに由来している。要するに、名門進学校 (プレパレートリースクール) の生徒が好むファッションなのである。

☆ repair [リペアー]

他動 修理する・直す

I had my watch repaired.　私は時計を直してもらった。

名 修理

Repairs done while you wait.　その場で修理できます(広告文)

語源 re ― again(再び)：pair ― prepare(用意する)＝再び用意する
類語

※ prepare [プリペア]「pre－before（前に）：pare－pair（用意する）＝前
もって用意する」

他動・自動 準備（用意）する

She prepared the room for the party.

彼女はパーティのために部屋を準備した。

── ☆ preparation [プレパレイション]

名 準備・予習

in preparation for　～の用意に

── ★ preparatory [プリパァラトーリ]

形 準備の・予備の

a preparatory course　予科

---

084 グリーン ── 球をホールに入れるため芝を敷きつめ、特に整備された地域。正し
くはパッティンググリーン

グリーンは「緑の・青い」だ。一見してバカバカしいようだが、さに
あらずだ。グラス（草・芝生）につながり、さらにグロー（成長す
る）、グロース（成長）につながっているのだ。そういえば、株式の
グロース株もある。

※ green [グリーン]

形 緑の・青い、未熟の、野菜の

green fields　青々とした田畑

He is still green at this job.　彼はまだこの仕事に慣れていない。

a green salad　野菜サラダ

名 緑色・青、（～s）緑色野菜・緑の葉、草地・芝生、青信号

Eat greens for your health.　健康のために野菜を食べなさい。

a village green　村の共有緑地

They crossed on green.　彼らは青信号で渡った。

└─ ※**grass** [グラァス]「greenになるが原義」

> **名** 草、芝生
>
> cut the grass　草を刈る
>
> Keep off the grass.　芝生に入るべからず。《諺》

└─ ※**grow** [グロウ]「greenになるが原義」

> **自動・他動** (grew,grown)**成長する・伸びる・栽培する**
>
> My hair has grown.　私の髪は伸びた。
>
> grow potatoes　ジャガイモを栽培する

└─ ☆**growth** [グロウス]

> **名** 成長・発達、増加
>
> the growth of industry　産業の発達
>
> the growth of population　人口の増加

---

085 サブ（グリーン） ── グリーンが2つある場合、使われていない方のグリーン。サブはサブスティテュートの略

サブ [サブスティテュート] は「代用品・補欠」である。「置く」の意の stitute を語源とする言葉で、インスティテュートは「設立する、学会・協会・研究所」、コンスティテュートは「構成する・制定する」である。ともに重要な言葉で、インスティテュートは研究所などの名前としてよく用いられている。米国の工科系大学を代表する MIT は「マサチューセッツ・インスティテュート・オブ・テクノロジー」なのである。コンスティテュートもコンスティテューションとなると「憲法」だからこれまた重要である。いうまでもなく、サッカーのサブ（補欠）はよく知られている。

☆**substitute** [サブスティテュート]

> **名** 代用品・代理人・補欠
>
> There is no substitute for you.　君の代わりをする人はいない。

> **他動・自動** 代わりをする

substitute margarine for butter
バターの代わりにマーガリンを使う

語源 sub（〜の代りに）：**stitute** – set（置く）＝〜の代わりに置く

類語

☆ **institute** ［**イン**スティテュート］「in – on（〜の上に）：stitute – set（置く）
＝〜を設立する」

他動・自動 設立する・制定する

institute a society　会を設立する

名 学会・協会、研究所・（理工系）大学

the institute of lawyers　法律家協会

Massachusetts Institute of Technology (MIT)
マサチューセッツ工科大学

└─☆ **institution** ［インスティ**テュー**ション］

名 設立・制定、制度、学会・協会

the institution of a new law　新法の制定

customs and institutions　習慣と制度

an educational institution　教育機関（学校）

☆ **constitute** ［**カン**スティテュート］「con – together（共に）：stitute – set
（置く）＝組立てる、制定する」

他動 構成する、制定する

The parts constitute the whole.　部分が全体を構成する。

constitute a committee　委員会を設置する

└─☆ **constitution** ［カンスティ**テュー**ション］

名 構成、体質、憲法

the constitution of nature　自然の構成

by constitution　生まれつき

the Constitution of Japan　日本国憲法

└─☆ **constitutional** ［カンスティ**テュー**ショナル］

形 生来の、憲法上の

a constitutional weakness
生まれつきの病弱

constitutional government　立憲政治

└── ★ substitution [サブスティ**テュー**ション]

（名）代用

in substitution for　～の代用として

086 ライ ── コース内で打球が静止した位置。クラブヘッドとシャフトの角度もライ
という

ライは「位置・状態、横たわる・位置する」、レイは「置く・敷く」で
ある。建物などのレイアウト（設計）、最近は少ないレイオフ（労働
者の一時解雇）などとも使われている。

※ lie [ライ]

（自動）（lay, lain）**横たわる、（ある状態に）ある、位置する**

lie on the bed　ベッドの上に横たわる

lie asleep　眠っている

Japan lies to the east of China.　日本は中国の東にある。

（名）**位置・状態**

the lie of the land　地勢、形勢

── ☆ lying [ライイング]

（形）**横たわっている**

a lying lion　横たわっているライオン

（名）**横たわること**

── ※ lay [レイ]

（他動）**置く・敷く**

lay blocks　レンガを敷く

アンジュレーション ── コースの起伏

アンジュレーションは「起伏・振動」、アンジュレートは「波打つ」である。極めて専門的な話となるが、電子の放射光を発生、増幅する装置としてアンジュレーターがあると聞く。

undulation［アンヂュレイション］

名 うねり・起伏・(光・音の)振動・波動

└─ ☆undulate［アンヂュレイト］

自動・他動 (水面などが)波打つ・波動する、(地表などが)起伏する・うねる

a field of wheat undulating in the breeze
　そよ風に吹かれて波打っている小麦畑
undulating land　ゆるやかに起伏している土地

ドッグレッグ ── 犬の後足のようにコースが左右のいずれかに急に曲がっていること

ドッグレッグは「(犬の後足のような)くの字形・くの字に曲がった道」だ。ドッグは言うまでもなく「犬」であるが、動詞として「付きまとう・尾行する」の意味がある。なかなか感じが出ているではないか。ドッギーとなれば「わんわん」である。レッグの方は、足以外に「行程」の意味にも使われているので注意しよう。

dogleg［ドーグレッグ］

名 (犬の後足のような)くの字形、くの字に曲がった道

└─ ※dog［ドーグ］

名 犬、犬科の動物(おおかみ・きつねなど)・その雄

Every dog has his day.　だれにでも全盛期はある。《諺》
a dog wolf　雄おおかみ

（他動）尾行する・つきまとう

I have been dogged by bad luck this week.
今週は不運続きだ。

doggie [ドーギ]

（名）小犬・わんわん

※leg [レッグ]

（名）足・脚、（旅行などの）―行程

A dog has four legs.　犬は4本足である。

the first leg of a journey　旅行の最初の行程

089 スタイミー ― ホールと目標の間に立木などの障害があって、プレーが困難な状態

スタイミーは「困り切った状態、困らせる」だ。昔のルールでは「カップと自分のボールの間に相手の競技者のボールがある状態」を指し、マッチプレーの場合、相手のボールをピックアップできないことになっていた。

stymie, stymy [スタイミ]

（名）（ゴルフ）スタイミー、処理しがたい状態・困りきった状態

（他動・自動）妨害する・困らせる

be stymied　困る、窮地に追い込まれる

090 フロント（ティー） ― 最先部のティーで黄色の表示

フロントは「前面の、前面・最前線、面する」だ。ホテルのフロントはホテルの最前線なのである。これがフロンティアとなれば「国境・辺境」で、「フロンティアスピリット」などと使われている。さらに、コンフロントとなれば「向き合う」である。

※ front［フラント］

  (名) **前面・正面、最前線・戦線、(ホテルの)フロント**

    in front of　〜の前に

    go to the front　最前線に出る、戦場に行く

  (形) **前面の**

    a front garden　前庭

  (自動・他動) **面する・面と向かう**

    The house fronts on the lake.　その家は湖に面している。

    front danger　危険に立ち向かう

(語源) front－forehead, front(額、正面)

(類語)

☆ confront［コンフラント］「con－together(ともに)：front(面する)→向かい合う」

  (他動) **面する、相対する**

    confront danger　危険に立ち向かう

☆ frontier［フランティア］

  (名) **国境・辺境 (米)、最前線**

    a town on the frontier　国境の町

    the frontiers of knowledge　知識の最前線

091 レギュラー(ティー) ── 通常用いられるティーで、表示は白色。バックティーは青色、レディースティーは赤色、シニアティーは金色ないし銀色である

レギュラーは「正規の・規則正しい」、レギュレートは「規制する」だ。最近問題となっているレギュレーション(規制)ともなる。反対のイレギュラーは「不規則な」で、野球のイレギュラー・バウンドが分かりやすい用例だろう。「イレギュラーな事態」などと一般的

にも使われている。

☆ regular [レギュラー]

形 規則正しい、正規の、標準の

a regular way of life　規則正しい生活

a regular member　正会員

a regular size　標準サイズ

名 正規兵、正選手、常連

語源 reg(正しい→正しく調整する・治める、王)より

類語

☆ region [リーヂョン]「治める地域の意」

名 地方・地域、領域

industrial regions　工場地帯

the region of science　科学の領域

☆ regional [リーヂョナル]

名 地方の・地域の

the regional wines of France

フランスの各地方のぶどう酒

★ reign [レイン]「治めるの意」

名 治世・統治

under the reign of Queen Elizabeth

エリザベス女王の統治の下に

★ regulate [レギュレイト]

他動 規制する、調整する

regulate the traffic　交通を整理する・取り締る

regulate a clock　時計を調整する

☆ regulation [レギュレイション]

名 規制・調整、規則

the regulation of prices　物価の規制

traffic regulations　交通法規

★**irregular** [イレギュラ]

形 **不規則な、ふぞろいな**

an irregular verb　不規則動詞

irregular teeth　並びの悪い歯

6 ゴルフ用具関連

092 （ゴルフ）ボール ── ゴルフ用の球

ボールは「球」といささか簡単すぎるようであるが、さにあらずだ。まず大きくの意のルーンを付けるとバルーン（風船）となり、小さくするとの意のレットを付けるとブレット（小銃の弾）ともなる。まあ、アドバルーンを見たことのない人は少ないだろう。アドはアドバータイズメント（広告）の略である。

※ ball［ボール］

名 玉・球、野球

a snow ball　雪の玉

play ball　野球をする、（野球の試合を）開始する

── ☆ balloon［バルーン］［oon（大きなものを示す接尾辞）」

名 軽気球・気球

an advertising balloon　アドバルーン

── ☆ bullet［ブレット］「et（小さなものを示す接尾辞）」

名 弾丸・小銃弾

── ☆ ballot［バァロット］「秘密投票を行う際に用いられた小さな球が原義」

名 投票用紙・（無記名）投票

take a ballot　投票を行う、投票で決める

093 ウッド ── ヘッドが木製のクラブ。正しくはウッドンクラブ

ウッドは「木・林」だ。しばしば複数で「森」の意となる。著名なゴルファー、タイガー・ウッズは、日本流にいえば「森寅雄」である。以下は全くの余談となるが、昭和の武蔵と異名をとった剣術界のレジェンド、森寅雄を知る人は今や少ないだろう。ついでに、経済史上名高い「ブレトンウッズ協定」も付けておこう。いうまでもなくブ

レトン人の森である。

※ wood［ウッド］

名 （しばしば ～s）森、木・林

camp in the wood(s)　森の中でキャンプする

My house is built of wood.　私の家は木造です。

☆ wooden［ウドン］

形 木の・木製の

a wooden house　木造の家

094 アイアン ── ヘッドが金属製のクラブ。正しくはアイアンクラブ

アイアンは「鉄」だ。家電製品のアイロンはそのものズバリである。野球などでは、アイアンマン（鉄人）の異称がよく用いられたが、前項に倣って一人だけ挙げるとすれば、史上最強と言われたヤンキース黄金時代の4番打者、ルー・ゲーリックだろう。3番打者がベーブルースなのである。彼の背番号4は米国のプロ野球で初の欠番となった。

☆ iron［アイアン］

名 鉄、アイロン

Strike while the iron is hot.　鉄は熱いうちに打て。《諺》

an electric iron　電気アイロン

形 鉄の、鉄のような・堅固な

an iron gate　鉄の門

an iron will　堅固な意志

他動 アイロンをかける

iron a necktie　ネクタイにアイロンをかける

095 （サンド）ウェッジ ── ヘッドがくさび型をしたバンカー用のクラブ。ショートア
プローチにも用いられる

ウェッジは「くさび、くさびで締める」だ。近年、靴底がくさび型の
ウェッジソールが人気と聞く。

☆ wedge［ウェッヂ］

　名 くさび・くさび形のもの、（ゴルフ）ウェッジ

　　He drove a wedge into the log.
　　彼はその丸太にくさびを打ち込んだ。

　他動 くさびで締める

　　wedge the door open　ドアにくさびを入れて開けておく

7 プレーヤー関係

096 プロ［プロフェッショナル］（ゴルファー）── ゴルフを職業とするゴルファー

> プロ［プロフェッショナル］は「専門家、職業の」、プロフェスは「公言する」、プロフェッサーは大学教授だ。コンフェスとなれば「告白する」、コンフェッションは「告白」である。映画通ならジョージ・クルーニー監督の傑作「コンフェッション」をご案内だろう。

※ **professional**［プロ**フェ**ショナル］

- 名 専門家・くろうと、職業選手
- 形 職業の・知的（専門的）職業の、プロの・本職の

    a professional man　専門家（医師、弁護士等）、知的職業人

    a professional baseball player　プロ野球選手

── ★ **profess**［プロ**フェ**ス］

- 他動・自動 公言する・告白する、職業とする（〜の知識・技能があると公言する）

    profess one's love　愛を告白する

    profess law　法律（弁護士）を業とする

語源 pro − before（前に）：**fess** − speak（言う）＝公然と言う、公言する
類語

☆ **confess**［コン**フェ**ス］「con − together（共に）：fess − speak（言う）」

- 他動・自動 告白する、認める

    She confessed that she liked him.

    　彼女は彼が好きだと告白した。

    I confess my fault.　私は自分の誤ちを認めます。

── ☆ **confession**［コン**フェ**ション］

- 名 告白

    He made a full confession to the policeman.

彼は警官にすっかり白状した。

☆ **profession** [プロフェション]

   名 職業（主に専門職）、公言・告白

    He is a doctor by profession.

    彼は職業は医者だ。

    a profession of love　愛の告白

☆ **professor** [プロフェサ]

   名 教授、告白者

    Professor Einstein

    アインシュタイン教授

    a professor of Catholicism

    カトリック信仰の告白者

---

097 アシスタント（プロ）── 見習プロ。プロゴルファーの資格は持っていないゴルフ場の研修生

アシスタントは「補助の、助手」、アシストは「助ける」だ。サッカーのアシストが分かりやすい用例だろう。「立つ」の意の sist を語源とする言葉で、レジストとなれば「抵抗する」、エグジストとなれば「存在する」、コンシストとなれば「〜から成る」、インシストとなれば「主張する」である。要は「立ち方」によって意味が異なるのである。

※ **assistant** [アスィスタント]

   形 補助の

    an assistant professor　助教授

   名 助手

☆ **assist** [アスィスト]

   他動・自動 助ける・人が〜するのを助ける

She assisted the child to cross the street.

彼女はその子供が道を横断するのを助けた。

（名）助力（米）、（サッカーなどの）**アシスト**（得点の補助プレー）

語源 a－to：**sist**－stand＝そばに立つ、後援する

類語

☆ consist ［コン**スィ**スト］「con－together：sist（立つ）＝一緒に立つ」

（自動）**～から成る、～に存する、～と一致（両立）する**

Water consists of hydrogen and oxygen.

水は水素と酸素から成る。

Her charm does not consist only in her beauty.

彼女の魅力はその美しさだけにあるのではない。

Health does not consist with overwork.

健康は過労と両立しない。

── ☆ consistent ［コン**スィ**スタント］

（形）（言行などが）**一致した・首尾一貫した**

You are not consistent in your actions.

あなたは行動において首尾一貫していない。

☆ exist ［エグ**ズィ**スト］「ex－外へ：(s)ist（立つ）＝外に立ち現われている→存在する」

（自動）**存在する、生存する**

Ghosts do not exist. 幽霊は存在しない。

Man cannot exist without air. 人は空気なしに生きていけない。

☆ insist ［イン**スィ**スト］「in－on：sist（立つ）＝自分の考えの上に立つ→主張する」

（自動）**主張する**

My mother insists on going with me.

母は私と一緒に行くと言い張る。

☆ persist ［パ**スィ**スト］「per－through（徹底的に）：sist（立つ）＝一貫して立っている、強く主張する」

自動 言い張る

He persists in his opinion. 彼は自分の意見に固執(こしつ)する。

☆ resist [リズィスト] [re－against(〜に対して)：sist(立つ)]

他動・自動 抵抗する、耐える・がまんする

They resisted the attack. かれらは攻撃に抵抗した。

I could not resist laughing. 私は笑わずにはいられなかった。

☆ resistance [リズィスタンス]

名 抵抗、(R〜)地下抵抗運動・レジスタンス

His proposal met with strong resistance.

彼の提案な強い抵抗にあった。

☆ assistance [アスィスタンス]

名 助力・援助

It is of great assistance to us.

それは大いに私達の助けになります。

---

098 アマ [アマチュア] ── スポーツなどを職業としないで楽しむ者。スポーツ愛好家

アマ [アマチュア] は「愛好家」。語源は歌などの作品によく用いられている「アモーレ」(愛) だから分かりやすい。かなり古いが、中森明菜のヒット曲「ミ・アモーレ」を用例として付けておこう。さらに言えば、意外にもこれは、愛を否定することから、エニミィ(敵)にもつながっている。

★ amateur [アマチュア]

名 しろうと・愛好家

He is just an amateur. 彼は全くのしろうとだ。

形 しろうとの

an amateur painter しろうと画家

語源 amare – love（愛）より、lover（愛する人）の意

類語

amatory [アマタリ]

   形 恋愛の

     an amatory look　色目

★ amiable [エイミャブル]

   形 かわいらしい

     an amiable girl　かわいらしい娘

★ amicable [アミカブル]

   形 友好的な

     in an amicable way　友好的に

amorous [アマラス]

   形 恋の・好色な

     amorous poetry　恋愛詩

★ amity [アミティ]

   名 友好・親善

     a treaty of amity　友好条約

☆ enemy [エネミ]「en – not、愛していない者の意」

   名 敵

     He has many enemies.　彼は敵が多い。

---

099 シード（選手）── ツアー競技に参加する資格を持つプロゴルファー。毎年賞金
     ランク上位の選手にシード権が与えられる

シードは「種子」だ。要するに、試合の興味を減じないためのタネ
なのである。ソウとなれば「種をまく」である。

☆ seed [スィード]

   名 種子・子孫、（～ s）原因、（スポーツ）シード

the seed of Abraham　アブラハムの子孫

the seeds of war　戦争の原因

他動・自動 種をまく・実を結ぶ

He seeded his field with corn.　彼は畑にトウモロコシをまいた。

Sunflowers seed in (the) fall.　ヒマワリは秋に実を結ぶ。

☆ sow [ソウ]

他動・自動 (～の種を)まく

sow the seeds of flowers　花の種をまく

---

100 ディフェンデング (チャンピオン) ── 前年度のチャンピオン (選手権を防衛する立場にある選手)

ディフェンドは「防ぐ・防御する」だ。サッカーにおける守備の要であるディフェンダーは大変分かりやすい。ディフェンス (防御) となれば、ことにバスケットボールの基本である。この反対のオフェンスが「攻撃・違反」であることは言うまでもない。

☆ defend [ディフェンド]

他動・自動 防ぐ、弁護する

The father defended his child from danger.

父親は子供を危険から守った。

The lawyer agreed to defend the man.

弁護士はその人を弁護することに同意した。

語源 de-away, from : **fend**(打つ)

類語

★ fend [フェンド]「defend の頭音が消えたもの」

自動・他動 よける・受け流す

fend off blows　打撃をかわす

★ fender [フェンダ]

112

名 (自動車の)泥よけ・フェンダー

★ offend [オフェンド]「of = against(〜向って)：fend(打つ)＝〜を打つ」

他動・自動 感情を害する・怒らせる・罪を犯す・(慣習などに)反する

I am sorry if I've offended you.
お気にさわりましたらごめんなさい。

offend against good manners　正しい作法に反する

── ☆ offense 米、offence 英 [オフェンス]

名 違反・罪、立腹、攻撃

an offense against God　神に対する罪

take offense at　〜を見て(聞いて)立腹する

Offense is the best defense.　攻撃は最大の防御。

── ★ offensive [オフェンスィヴ]

形 不快な・無礼な、攻撃的な

Don't use offensive words.　失礼な言葉を使うな。

offensive weapons　攻撃兵器

名 攻撃

☆ fence [フェンス]「防御の頭音が消失したもの」

名 さく・塀(へい)、フェンシング

sit on the fence　形勢を見る、日和見(ひよりみ)する

他動 垣根をつくる・囲う

fence the field　畑に柵をめぐらす

── fencing [フェンシング]

名 フェンシング

── ☆ defense 米、defence 英 [ディフェンス]

名 防御・防御物、弁明

national defense　国防

in defense of　〜を弁護して

── ☆ defensive [ディフェンスィヴ]

形 防御の・守勢の

defensive works　防御工事

└── **defender** [ディフェンダ]

　　名 防御者、(競技)選手権保持者

101 ビジター ── メンバー制コースにおけるメンバー以外のプレーヤー

> ビジターは「訪問者・来客」、ビジットは「訪問する、訪問」である。
> 「見る」の意の vis を語源とする言葉で、ビジョン、ビジュアル、
> テレビジョン、プロビジョン (準備)、リビジョン (改訂) など重要な
> 言葉とつながっている。

☆ **visitor** [ヴィズィタ]

　　名 訪問者・来客、(スポーツ)遠征軍

　　　a visitor at a hotel　ホテルの客

└── ※ **visit** [ヴィズィット]

　　　他動・自動 訪問する、見物に行く

　　　　I visited my uncle yesterday.

　　　　　昨日、私はおじの所へ行った。

　　　　visit London　ロンドンを見物する

　　　名 訪問、見物

　　　　a visit to the governor　知事訪問

　　　　a visit to Nikko　日光見物

語源 vis − see(見る)、visit は go to see の意

類語

☆ **vision** [ヴィジョン]「vis(見る):ion(名詞語尾)」

　　名 視覚・視力、先見・想像力

　　　the field of vision　視野

　　　a man of vision　見識のある人

└── ☆ **visible** [ヴィズィブル]

形 目に見える、明白な

Toward morning the stars were no longer visible.

朝方には星はもはや見えなかった。

without any visible cause　なんら明白な原因なく

☆ invisible [インヴィズィブル]

形 目に見えない

invisible expenses　目に見えない出費

☆ visual [ヴィジュアル]

形 視覚の、目に見える

the visual nerve　視神経

☆ revision [リヴィジョン]「re－again（再び）：vis（見る）：ion（名詞語尾）再び見ること→改訂」

名 改訂・修正

after two revisions　2度の改訂の後

☆ revise [リヴァイズ]

他動 改訂する・修正する

a revised edition　改訂版

☆ supervision [スーパヴィジョン]「super（上から）：vision（見ること）＝監督、指揮」

名 監督・管理

under the supervision of　～の監督の下に

※ supervise [スーパヴァイズ]

他動 監督する・管理する

☆ supervisor [スーパヴァイザ]

名 監督者・管理人

※ television [テレヴィジョン]「tele（遠くから）：vision（見るもの）」

名 テレビジョン

turn on the television　テレビをつける

● 著者プロフィール

小林一夫

1938年東京生まれ。千葉県習志野市在住。日本学園中学校、開成学園高等学校、東京大学、東京都立大学卒業。大日本インキ化学工業 (現DIC) 広報部長を経て、川村記念美術館、華服飾専門学校、華ビジネス専門学校、日本スクールシステム機構などに在籍。IIE (目標達成型セルフコーチング) インストラクター。現在、習志野スコーレ企画代表。著書・講演多数。
https://schole-kikaku.com

● **主なる著書**

『カタカナ語で覚える重要英単語2000』講談社α文庫／電子書籍にて配信中
『カタカナ語で覚える重要語源200・重要単語1800』
　　東京図書出版会／電子書籍にて配信中
『野球ファンのための面白くてタメになる英単語読本』文芸社
『音楽から学べるらくらく英単語読本』パレードブックス
『スポーツから学べるらくらく英単語読本』パレードブックス
『ファッションから学べるらくらく英単語読本』パレードブックス
『エンタメから学べるらくらく英単語読本』パレードブックス
『サッカーから学べるらくらく英単語読本』パレードブックス
『テニスから学べるらくらく英単語読本』パレードブックス
『重要動詞をらくらく覚えるための英単語読本』パレードブックス

得意を活かす英単語帳シリーズ Ⅶ
for ゴルフファン・ゴルフ部員

ゴルフから学べるらくらく英単語読本

2024年7月11日　第1刷発行

著　者　小林一夫
こ ばやしかず お

発行者　太田宏司郎

発行所　株式会社パレード
　　　　大阪本社　〒530-0021　大阪府大阪市北区浮田1-1-8
　　　　　　　　　TEL 06-6485-0766　FAX 06-6485-0767
　　　　東京支社　〒151-0051　東京都渋谷区千駄ヶ谷2-10-7
　　　　　　　　　TEL 03-5413-3285　FAX 03-5413-3286
　　　　https://books.parade.co.jp

発売元　株式会社星雲社（共同出版社・流通責任出版社）
　　　　　　　　　〒112-0005　東京都文京区水道1-3-30
　　　　　　　　　TEL 03-3868-3275　FAX 03-3868-6588

印刷所　創栄図書印刷株式会社

本書の複写・複製を禁じます。落丁・乱丁本はお取り替えいたします。
©Kazuo Kobayashi 2024　Printed in Japan
ISBN 978-4-434-32092-7　C0082